대학·중용

밝은 마음을 찾아가는 배움과 도리

청소년 철학창고 05

대학·중용 밝은 마음을 찾아가는 배움과 도리

초판 1쇄 발행 2005년 7월 20일 | 초판 9쇄 발행 2021년 6월 25일

풀어쓴이 마현준
펴낸이 홍석 | 이사 홍성우 | 기획 채희석
인문편집팀장 박월 | 편집 박주혜 | 표지 디자인 황종환 | 본문 디자인 서은경
마케팅 이가은·이송희·한유리 | 관리 최우리·김정선·정원경·홍보람
펴낸곳 도서출판 풀빛 | 등록 1979년 3월 6일 제2021-000055호
주소 07547 서울시 강서구 양천로 583 우림블루나인 A동 21층 2110호
전화 02-363-5995(영업), 02-364-0844(편집) | 팩스 070-4275-0445
홈페이지 www.pulbit.co.kr | 전자우편 inmun@pulbit.co.kr

ISBN 978-89-7474-531-8 44150
ISBN 978-89-7474-526-4 (세트)

이 도서의 국립중앙도서관 출판예정도서목록(CIP)은 서지정보유통지원시스템 홈페이지(http://seoji.nl.go.kr)와
국가자료공동목록시스템(http://www.nl.go.kr/kolisnet)에서 이용하실 수 있습니다. (CIP제어번호: CIP2005001372)

대학·중용

밝은 마음을 찾아가는 배움과 도리

마현준 풀어씀

'청소년 철학창고'를 펴내며

　우리 청소년이 읽을 만한 좋은 책은 없을까? 많은 분들이 이런 고민을 하셨을 겁니다. 그러면서 흔히들 고전을 읽어야 한다고 합니다. 하지만 서점에 가서 책을 골라 보신 분들은 느꼈을 겁니다. '청소년의 지적 수준에 맞춰서 읽힐 만한 고전이 이렇게도 없는가.'라고.

　고전 선택의 또 다른 어려움은 고전의 범위가 매우 넓다는 것입니다. 청소년 시기에는 시간과 능력의 한계 때문에 그 많은 고전들을 모두 읽을 수 없습니다. 그렇다면 어떤 책을 읽어야 할까요?

　이런 여러 현실적인 어려움을 고려해 기획한 것이 풀빛 '청소년 철학창고'입니다. '청소년 철학창고'는 고전의 핵심이라 할 수 있는 '철학'에 더 많은 무게를 실었습니다. 그 이유는 무엇일까요?

　사람들은 일반적으로 철학을 현실과 동떨어진 공리공담이나 펼치는 학문이라고 생각합니다. 하지만 철학적 사고의 핵심은 사물과 현상을 다양하게 분석하고 종합해서 그 원칙이나 원리를 찾아내는 것입니다. 그래서 철학은 인간과 세상에 대해 깊이 있게 생각하고, 논리적으로 종합하는 능력을 키워줍니다. 그런 만큼 세상과 인간에 대해 눈떠 가는 청소년 시기에 정말로 필요한 공부입니다.

하지만 모든 고전이 그렇듯이 철학 고전 또한 읽기가 쉽지 않습니다. 그래서 '청소년 철학창고'는 청소년의 눈높이에 맞추기 위해 선정에서부터 원문 구성에 이르기까지 많은 노력을 기울였습니다.

첫째, 책을 선정하는 과정에서부터 엄격함을 유지했습니다. 동양·서양·한국 철학 전공자들이 많은 회의 과정을 거쳐, 각 시대마다 동서양과 한국을 대표하는 철학 고전들을 엄선했습니다. 특히 우리 선조들의 사상과 동시대 동서양의 사상들을 주체적인 입장에서 비교하고 검토할 수 있도록 했습니다.

둘째, 고전 읽기의 참다운 맛을 살리기 위해 최대한 원문을 중심으로 구성했습니다. 물론 원문 읽기의 어려움을 해결하기 위해 새롭게 번역하고 재정리했습니다. 그리고 청소년이라면 누구나 어렵지 않게 읽으면서 고전이 주는 의미와 내용을 이해할 수 있도록 설명을 덧붙였고, 전체 해설을 통해 저자의 사상과 전체 내용을 다시 한번 정리해 주었습니다.

마지막으로 쉬운 것부터 읽기 시작해 점차 사고의 폭을 넓혀 가도록 난이도에 따라 세 단계로 구분했습니다. 물론 단계와 상관없이 읽고 싶은 순서대로 읽어도 됩니다.

우리 선정위원들은 고전 읽기의 진정한 의미가 '옛것을 되살려 오늘을 새롭게 한다(溫故知新).'는 데 있다고 생각합니다. '청소년 철학창고'를 통해 자라나는 청소년들이 인간과 사물에 대한 깊은 통찰력을 키워, 밝은 미래를 열어 나갈 수 있기를 진정으로 바랍니다.

2005년 2월

선정위원   허우성(경희대 교수, 동양 철학)   윤찬원(인천대 교수, 동양 철학)
          정영근(서울산업대 교수, 한국 철학)   허남진(서울대 교수, 한국 철학)
          이남인(서울대 교수, 서양 철학)   한자경(이화여대 교수, 서양 철학)

들어가는 말

　'공자 왈 맹자 왈'이라는 말이 있다. 흔히 고리타분한 말과 행동을 비아냥거리는 뜻으로 쓰이는데, 공자와 맹자의 유학 사상을 비판하는 의미도 담고 있다. 하지만 이렇게 말하는 사람들이 과연 공자와 맹자의 글을 어느 정도라도 읽었을까? 대부분은 그렇지 않은 것 같다. 흔히 하는 "너 천자문(千字文)은 뗐니?"라는 질문도 마찬가지다. 초보 단계의 한문 공부를 했는가를 물어보는 말이지만, 사실 현대인에게는 《천자문》도 상당히 수준 높은 책이라고 할 수 있다. 그러니 '사서오경(四書五經)'으로 오면 그 어려움은 더하다. 가정에서 장식용으로 책장에 꽂아 놓는 경우가 대부분일 뿐, 관심을 갖고 읽어 본 사람은 거의 없을 것이다.

　우리가 '사서'라고 부르는 《대학(大學)》,《논어(論語)》,《맹자(孟子)》,《중용(中庸)》은 동양 고전 가운데 번역이 가장 많이 된 책이며, 웬만한 서점과 학교 도서관에도 거의 갖추어져 있다. 이는 그만큼 사서가 중요한 고전이라는 의미이다. 하지만 읽기가 어려우니 그림의 떡에 불과하다. 가끔 동양 고전을 읽는 청소년들을 보면 기특하면서도 한편으로는 걱정이 앞선다. 그 걱정은 다름 아닌 '과연 청소년들이 글 뜻을 제대로 이해할 수 있을까?' 하는 것과 '모처럼 고전을 읽기로 결심했는데, 지루함만 느끼지 않을까?' 하는 것이다.

조선 시대의 우리 선조들은 사서 읽는 순서를 《대학》, 《논어》, 《맹자》, 《중용》으로 잡았다. 순서를 정한 데에는 나름의 이유가 있는데, 《소학(小學)》을 마친 15세 정도의 나이가 되면 성인이 되었다고 하여 맨 먼저 성인이 갖추어야 할 학문인 《대학》을 읽게 한 것이다. 그러고 나서 공자와 맹자의 말씀을 익히고, 마지막으로 유학의 세계관을 정리한 《중용》을 읽었던 것이다.

이 순서에서도 알 수 있듯이, 《대학》과 《중용》은 원래 함께 읽는 책이 아니다. 왜냐하면 《중용》은 공자와 맹자의 기본 사상을 충분히 이해한 다음에야 읽을 수 있을 정도로 그 내용이 쉽지 않기 때문이다. 하지만 다른 입장에서 보면 이 두 책은 유학 사상의 기본 내용을 일목요연하게 정리하고 있기 때문에, 함께 읽어야 유학 사상의 핵심을 이해하는 데 도움이 될 수 있다. 또한 이 책들은 무엇보다도 실천에 중심을 두고 있다는 점에서도 서로 비슷하다. 아무리 훌륭한 책이라도 읽기만 하고 실천하지 않는다면 무슨 의미가 있겠는가? 거듭 반복해서 읽고 그 뜻을 되새기며 실천하려고 노력한다면, 어느 정도는 자기 것으로 만들 수 있을 것이라고 생각한다.

이 책은 청소년들이 쉽게 읽을 수 있도록 문장을 쉽게 다듬으려고 노력했다. 예를 들어 오늘날의 입장에서 이해하기 어려운 부분은 원문의 글귀에 얽매이지 않고 의미를 중심으로 재해석하였다. 그리고 각 책에 대한 설명과 전체 해설을 덧붙였다.

'부뚜막의 소금도 입에 넣어야 짜다.'라는 속담이 있다. 비록 능력은 모자랄지 모르지만 나름대로 청소년들이 쉽게 읽을 수 있게 만들려고 힘썼다. 이제 여러분의 입맛에 맞는지 평가받는 일만 남았으니, 마음속으로 두려움이 앞선다.

2005년 7월

마현준

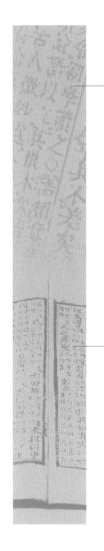

'청소년 철학창고'를 펴내며 _ 5
들어가는 말 _ 7
《대학》과 《중용》에 나오는 주요 인물 _ 11

대학 – 큰 배움

《대학》에 들어가면서 _ 16
1. 큰 배움의 길 _ 20
2. 밝은 덕을 밝혀라 _ 31
3. 백성을 새롭게 _ 33
4. 최고의 선에 머무름 _ 35
5. 근본과 말단 _ 41
6. 사물을 탐구하여 앎에 도달함 _ 42
7. 뜻을 정성스럽게 _ 45
8. 마음을 올바로 하고 몸을 닦음 _ 48
9. 몸을 닦고 집안을 바로잡음 _ 50
10. 집안을 바로잡고 나라를 다스림 _ 52
11. 나라를 다스리고 천하를 태평하게 _ 58

중용 – 훌륭한 도리

《중용》에 들어가면서 _ 76
1. 하늘의 명령 _ 79
2. 군자의 중용과 소인의 중용 _ 82
3. 중용의 지극함 _ 83
4. 지나치거나 모자라거나 _ 84
5. 공자의 걱정 _ 85
6. 큰 지혜 _ 86
7. 지혜와 중용 _ 88

8. 안회의 사람됨 _ 89

9. 중용의 어려움 _ 90

10. 참으로 강한 것 _ 91

11. 중용의 도는 평상적인 것 _ 93

12. 군자의 도 _ 94

13. 손에 쥔 도낏자루 _ 96

14. 군자의 본분 _ 100

15. 먼 길도 한 걸음부터 _ 102

16. 귀신의 덕 _ 104

17. 대단한 효자 _ 105

18. 근심이 없는 사람 _ 107

19. 조상을 모시는 정성으로 _ 110

20. 참다운 정치 _ 113

21. 저절로 이루어짐과 이끌어짐 _ 129

22. 성인의 지극함 _ 131

23. 작은 일에도 정성을 _ 132

24. 미래에 대한 예측 _ 134

25. 저절로 이루어짐 _ 136

26. 잠시도 쉬지 않고서 _ 138

27. 위대한 성인의 도 _ 143

28. 성인의 덕이 아니라면 _ 145

29. 세 가지 중요한 것 _ 148

30. 공자의 도 _ 151

31. 지성(至聖)의 덕 _ 153

32. 지성(至誠)의 도 _ 154

33. 비단옷에 홑옷을 _ 156

대학과 중용, 큰 배움과 훌륭한 도리 _ 163

《대학》과《중용》에 나오는 주요 인물

공자(孔子, BC. 552~BC. 479)

이름은 구(丘)이며, 성 뒤에 '자(子)'를 붙이는 것은 높임의 의미다. 자(字)는 중니(仲尼)다. 공자는 늘 노나라의 창시자이자 주왕조(周王朝)를 건국하는 데 공헌이 컸던 주공을 존경하여, 그 전통 문화를 회복시키고자 노력했다. 그러나 각 국의 제후들은 공자를 등용하지 않았다. 결국 공자는 고향에 돌아가 제자들의 교육에 전념했다. 그의 말씀과 사상은 《논어》를 통해서 알 수 있으며, 오경을 편찬하였다고 전해진다. 《대학》과 《중용》은 오경 가운데 《예기》에 있던 내용을 후세에 정리한 것이다.

요(堯, 연대 미상)

중국의 전설상의 임금이다. 덕으로써 백성들을 잘 다스려 후세에 왕도정치의 모범으로 존경받았다. 그래서 그를 이은 순(舜)과 함께 예로부터 중국에서는 가장 이상적인 시대를 '요순 시대'라고 하였다. 요에 대한 기록은 《서경(書經)》의 〈요전(堯典)〉이나 《사기(史記)》의 〈오제본기(五帝本紀)〉에 실려 있다.

순(舜, 연대 미상)

성은 우(虞) 또는 유우(有虞)라고 하며, 이름은 중화(重華)다. 요임금에게서 왕위를 물려 받은 선양(禪讓) 설화의 주인공이다.

당시의 임금인 요는 순의 평판을 듣고 자기 딸을 순과 혼인시킨 뒤 그를 등용하였다. 요가 죽자 순은 요의 아들 단주(丹朱)를 왕으로 모시려 하였으나, 천하의 인심이 순에게 기울어졌기 때문에 순이 왕위에 올랐다고 한다.

증자(曾子, BC. 506~BC. 436)

이름은 삼(參)이며, 자는 자여(子輿)다. 공자의 제자인 증점(曾點)의 아들이기도 하다. 효심이 두텁고 학문과 덕행이 뛰어나 공자가 후계자로 세울 정도였다. 《대학》과 《효경(孝經)》의 저자라고 전해지고 있으나 확실한 근거는 없으며, 그의 사상은 《증자(曾子)》 18편 가운데 10편이 《대대례기(大戴禮記)》에 남아 전해지고 있다.

자사(子思, BC. 483?~BC. 402?)

자사는 자이며, 이름은 급(伋)이다. 공자의 손자이며 사서의 하나인 《중용》의 저자로 전하고 있다. 주로 고향인 노나라에 살면서 공자의 사상을 계승한 증자에게서 가르침을 받아 유학의 전승에 힘썼다. 맹자가 바로 그의 제자다. 자사학파의 사상을 전하는 책으로는 《자사자(子思子)》가 있다.

안회(顔回, BC. 521~BC. 490)

자는 연(淵)이며, 공자가 가장 신임했던 제자다. 특히 학문과 덕성이 높아 공자도 그를 가리켜 학문을 좋아하는 사람이라고 칭찬하였다. 이른 나이에 죽었기 때문에 저술이나 업적은 남기지 못했으나, 《논어》와 몇몇 서적에서 학문과 덕행이 뛰어난 사람이라고 전하고 있다.

자로(子路, BC. 543~BC. 480)

자로는 자이며 성은 중(仲), 이름은 유(由)다. 계로(季路)라고도 한다. 공자보다 9세 아래였고, 제자 중에서 가장 나이가 많았다. 성격이 거칠고 급하며 남에게 지는 것을 싫어하는 무인 기질의 사람이었는데, 공자의 훈계로 입문하여 헌신적으로 공자를 섬겼다.

주희(朱熹, 1130~1200)

자는 원회(元晦)이며, 호(號)는 회암(晦庵)이다. 친구 여조겸(呂祖謙), 육구연(陸九淵)과 교류하면서 성리학 사상의 체계를 확립하는 기초를 마련하였다.

주렴계(周濂溪)·장횡거(張橫渠)·소강절(邵康節)·정명도(程明道)·정이천(程伊川)의 학설을 종합하여 유학의 전통성을 강조하였고, 《논어》·《맹자》·《대학》·《중용》을 내용으로 하는 '사서집주(四書集注)'를 완성하였다.

그의 저술과 편저는 약 80여 종에 달하며, 그 가운데 대표적인 것이 막내아들인 주재(朱在)가 편찬한 《주문공문집(朱文公文集)》, 제자들과의 문답을 기록한 《주자어류(朱子語類)》 140권이다.

왕수인(王守仁, 1472~1528)

호는 양명(陽明)이며 자는 백안(伯安), 시호(諡號)는 문성(文成)이다. 주자학(朱子學)을 배웠으나 만족하지 않고 새롭게 양명학을 창시하였다.

왕심재(王心齋)·전서산(錢緒山)·왕용계(王龍溪) 등이 유명한 제자이며, 양명학파로서 명나라 사상계에 큰 영향을 끼쳤다. 제자들과의 토론 내용을 모은 《전습록(傳習錄)》 3권이 있으며, 전서산이 시문(詩文)·상소(上疏)·연보(年譜) 등을 더하여 《왕문성공전서(王文成公全書)》 38권을 편찬하였다.

| 일러두기 |

1. 원문은 주희의 《대학장구》와 《중용장구》를 기본으로 삼고, 대만의 삼민서국(三民書局)에서
   출간한 《신역 사서독본(新譯 四書讀本)》을 참고하였다.
2. 고유명사와 중요 개념은 한글에 한자를 괄호 병기하였다.
3. 책의 구성은 해석, 원문, 해설의 순으로 구성하였다.
4. 대체로 원문의 구성을 따랐으며, 장마다 편의상 제목을 달았다.

대학 – 큰 배움

대학(大學), 즉 큰 배움의 길은 착한 본성을 밝히는 데 있고, 백성과 함께 하는 데 있으며, 지극히 좋은 상태에 머무는 데에 있다. 지극히 좋은 상태에 머무는 것을 안 다음에 의지가 정해지고, 의지가 정해지면 마음이 흔들리지 않게 되며, 마음이 흔들리지 않게 되어야 평안할 수 있고, 평안한 다음에 바르게 생각할 수 있고, 바르게 생각한 다음에 지극히 좋은 상태에 도달할 수 있다.

《대학》에 들어가면서

    《대학(大學)》은 어떤 책이며 어떤 내용을 갖고 있는가? 이 질문에 대한 답을 주자가 쓴 〈대학장구서(大學章句序)〉를 중심으로 정리해 보자.

    《대학》은 옛날에 태학(옛날에는 '大'를 태라고도 읽었음)에서 사람들을 가르치던 책이다. 국가의 기틀이 잡히자 왕궁과 제후의 도읍에서부터 시골 마을에까지 학교가 세워지고, 왕실과 고위 관리들의 자녀는 물론 일반 백성들의 자녀까지, 모두 7세가 되면 소학(小學)에 입학시켰다. 소학에서는 일상생활의 예절과 예법, 음악, 활쏘기, 말타기, 글쓰기, 셈하기 등을 가르쳤다. 그들이 15세가 되면 모두 태학에 입학시켜 사물의 이치를 탐구하고 마음을 바르게 하며, 몸을 닦고 사람들을 다스리는 법도를 배우도록 하였다.

    교육의 주된 내용은 최고 통치자나 선비로서 알아야 할 도리와 행동 방식이었다. 그리고 나아가 백성들도 일상에서 보편적인 도리를 배워 이상 사회를 실현하자는 것이었다. 특히 《대학》은 소학 교육에서 이룬 바를 바탕으로 높은 단계의 교육 과제를 제시한 것인데, 내용도 풍부하고 그 세부 항목도 자세히 갖추어져 있었다.

특히 송나라 때가 되어서 공자의 학문이 쇠퇴하고 도교와 불교의 가르침이 널리 퍼지자, 유학자들은 이를 극복하고자 《대학》에 주목하여 활발한 연구를 시작하였다. 그 대표적인 예가 주자(주희)의 '사서집주(四書集注)' 편찬이다. 《논어》와 《맹자》는 사안에 따라 묻고 대답한 것을 기록한 책이어서 전체적인 내용을 익히기가 어려운 편이다.

그러나 《대학》은 공자가 말한 옛 사람들의 대체적인 학문 방법을 증자가 적고, 이것을 다시 그 제자들이 해설하여 깊은 뜻을 밝힌 책으로, 앞뒤가 서로 맞고 체제가 잘 갖추어져 있다. 그러므로 이 책을 잘 이해하여 옛 사람들이 학문할 때에 추구했던 방향을 잘 알고 난 뒤에 《논어》와 《맹자》를 읽는다면 훨씬 이해하기 쉬울 것이라 생각했다.

《대학》을 읽는 방법은 《논어》나 《맹자》와는 차이가 있다. 《논어》와 《맹자》에서는 하나의 말이나 이야기가 단지 하나의 도리만을 이야기할 뿐이지만, 《대학》에서는 전체적으로 말하면서도 상세하고 궁극적인 것까지 이야기한다. 예를 들어 《논어》와 《맹자》에서는 맹자가 인의(仁義)에 대해서 말하면 인의의 문제에 대한 도리만이 제시되고, 공자가 안회에게 극기복례(克己復禮)에 대한 대답을 할 때에는 그 자체로 이야기가 끝난다. 그러나 《대학》에서는 천하를 잘 다스려 유가의 이상 사회를 실현하려면 먼저 나라를 잘 다스려야 하고, 나라를 잘 다스리려면 먼저 집안을 가지런히 해야 하고, 집안이 가지런해지려면 먼저 몸을 닦아야 한다는 식으로 연결하여 설명한다.

또한 몸을 닦을 수 있으려면 먼저 마음을 바르게 해야 하며, 마음이 바르게 되려면 먼저 뜻을 성실하게 해야 하고, 뜻이 성실해지려면 먼저 지식을 지극하게 해야 하고, 지식을 지극하게 하려면 먼저 사물의 이치를 끝까지 탐구해야 한다고 실천 방안을 제시한다.

《대학》은 학문을 하는 큰 줄기와 그것을 실천하기 위한 상세한 방법을 다루고 있다. 먼저 큰 줄기로서 "밝은 덕을 밝히고[명명덕(明明德)] 백성과 함께 하며[친민(親民)] 지극한 선에 머무른다[지어지선(止於至善)]."는 삼강령을 제시한 다음, 이를 실천하는 방안으로 격물(格物)·치지(致知)·성의(誠意)·정심(正心)·수신(修身)·제가(齊家)·치국(治國)·평천하(平天下)라는 팔조목을 설명한다.

그러므로 《대학》은 한 구절씩 착실하게 읽는 것도 중요하지만, 먼저 전체를 파악한 뒤에 처음부터 자세하게 읽는 것이 바람직하다. 그렇게 하고 나서 어떤 것이 대인(大人)의 학문이며, 어떤 것이 밝은 덕을 밝히는 것인지, 어떤 것이 백성과 함께 하는 것이며, 어떤 것이 지극한 선의 경지에 머무는 것인지를 이해해야 한다. 그리하면 '옛것을 익혀서 새로운 것을 안다[온고지신(溫故知新)].'라는 말의 뜻을 스스로 깨달을 수 있을 것이다.

그리고 책을 읽을 때는 많이 읽으려고 욕심을 내서는 안 된다. 우

선 큰 줄기를 세우고 각 단락을 차례대로 읽고 깊게 생각하여 조금도 모자람이 없도록 분명하게 이해해야 한다. 그런 뒤에 다음 단락으로 넘어가되, 앞뒤의 뜻을 제대로 연결해야만 바르게 이해하는 데 어려움이 없을 것이다.

또한 어느 정도 내용을 파악하게 되면 다른 책으로 넘어가지 말고 정신을 집중하여 자세히 읽기를 반복하는 것이 좋다. 《대학》이라는 책은 분량이 많지 않으면서도 그 규모를 골고루 갖추고 있기 때문에, 깊이 공부하면 할수록 더 많이 깨달을 수 있다.

《대학》을 읽는다는 것은 단순히 글을 보는 것이 아니다. 지극한 마음으로 다가서야 하며, 행동으로 옮기려는 노력이 뒤따라야만 진실로 읽었다고 할 수 있는 책이다.

1. 큰 배움의 길

큰 배움[대학(大學)]의 길은 착한 본성[명덕(明德)]을 밝히는 데 있고, 백성과 함께 하는 데 있으며, 지극히 좋은 상태에 머무는 데에 있다.

◎大學之道 在明明德 在親民 在止於至善
　대 학 지 도　재 명 명 덕　재 친 민　재 지 어 지 선

대학[1]은 어른의 학문이라는 뜻으로 소학[2]과 대비되는 개념이다. 그렇다면 '대학의 도(道)'는 무엇일까? 말 그대로 옮기면 '큰 학문의 길'이라고 할 수 있다. 또한《대학》이라는 글공부에 참여하는 사람이라면 마땅히 가야 할 길, 또는 취해야 할 방법, 지켜야 할 도리 등으로 설명할 수도 있다. 그러면 큰 학문의 길이라는 것은 도대체 무엇일까? 하나씩 살펴보자.

《대학》의 첫 머리에서 큰 줄기를 제시했는데, 그것은 바로 '밝은 덕을 밝히고 백성과 함께하며 지극한 선에 머무는 것'이다. 이 세 가지

---

1) 주자는 대학을 8세에 입학하여 배우는 소학과 비교하여, 15세에 입학하여 배우는 교육 제도상의 학문 기관이라고 보았다. 이와 달리 공영달(孔穎達)과 왕수인은 소인과 대립되는 군자나 나라를 다스리는 사람의 학문이라고 보았다.
2) 소학에서는 마당에 물을 뿌리고 청소하는 일과 어른의 부름이나 요구에 공손히 따르는 일, 그리고 일상의 행동거지를 주로 가르쳤다. 즉, 청소하는 일과 어른을 섬기고 벗과 사귀는 도리 등 일상의 예의범절 교육을 중심으로 가르쳤다.

큰 줄기를 삼강령(三綱領)이라고 한다.

동양 사상의 큰 줄기 가운데 하나인 유학(儒學)은 '수신제가치국평천하(修身齊家治國平天下)'를 기본 이념으로 삼아 왔다. 따라서 사회를 이끌 인재가 되려면 개인의 인격 수양부터 이루어야 한다고 보았다. 바로 '밝은 덕을 밝힌다[명명덕(明明德)].'라는 말의 의미를 새겨보면 분명하게 알 수 있다.

'밝은 덕', 즉 명덕은 인간이 본래부터 지니고 있는 착한 본성을 말한다. 그러니 착한 본성을 잘 간직하여 실천에 옮긴다면 아무런 문제가 없을 것이다. '밝은 덕을 밝힘'이란 바로 이러한 뜻이다.

맹자는 사람은 누구나 착한 본성을 가지고 태어난다고 주장했다. 착한 본성이란 다른 사람이 곤경에 처해 있으면 가엾게 여기고, 자신의 잘못을 부끄러워하고, 남에게 사양할 줄 알며, 옳고 그름을 분별할 줄 아는 마음이다. 그리고 이렇게 타고난 본래의 마음이 겉으로 드러나면 인(仁)·의(義)·예(禮)·지(智)의 도덕성을 실현할 수 있다고 보았다.

그런데 착한 마음을 타고났는데도, 주변 환경의 영향을 받아서 욕심이 생겨나면 착한 마음이 흐려진다. 그러므로 착한 마음이 흐려지지 않게 하는 것이 곧 밝은 덕을 밝히는 것이다.

인간은 본래 선한 본성을 타고나기에 그 착한 본성을 잘 간직하고 실천에 옮기면 아무런 문제가 없는데, 대부분의 경우 본래 모습을 그대로 유지하지 못한다. 따라서 명명덕은 본래의 모습으로 돌아가자, 또는 찾아가자는 뜻으로 보면 틀림이 없다.

이어서 '백성과 함께하며'라는 것을 생각해 보자. 앞서 이야기한 명덕이 자신에 관한 문제라면, '친민(親民)'은 다른 사람들을 새롭게 바꾸는 것을 뜻한다. 즉, 백성들로 하여금 나쁜 습관을 고쳐서 원래의 모습으로 되돌아가게 한다는 것이다. 그래서 중국 남송(南宋) 때의 학자인 주자는 친(親)을 신(新)으로 보아, '새롭게 함'으로 해석하였다. 반면에 명(明)나라 때의 학자 왕수인은 글자 그대로 해석하여 '백성을 친애함'으로 보았다.

이를 종합해 보면, '백성을 아끼고 새롭게 하는 것이 곧 이제까지 지니고 있던 악함을 버리고 본래의 착한 본성으로 되돌아가게 하는 것'이라는 뜻이다. 이렇게 친민은 개인은 물론이거니와 국가를 다스리는 왕으로서 먼저 자신의 몸과 마음을 깨끗이 하고 나서 백성을 가까이 해야 함을 강조한 것이다. 이는 자기 자신이 먼저 도덕적인 사람이 된 뒤에 백성들도 함께 도덕적 존재가 되게 하라는 것이다. 다시 말해 밝은 덕을 밝히는 것은 개인에게서 온 사회로 그 덕을 확장시켜 인류에게 기여하는 것이 되어야 한다는 뜻이다.

그리고 다음에 나오는 '지어지선(止於至善)'은 지극히 선한 상태, 또는 최선의 상태에 도달하여 옮기지 않는다는 뜻이다. 여기서 '지(止)'란 단순하게 '멈춤', '머무름'만을 말하는 것이 아니다. 즉, 밝은 덕을 밝히고 백성들을 새롭게 하여, 이러한 최선의 상태를 계속 유지한다는 뜻이다.

그런데 여기서 중요한 것은, 명명덕을 이루고 난 다음에 친민(혹은 신민)에 도달하면 자연히 지어지선이 된다는 뜻이 아니라는 것이다. 물론 명명덕과 친민은 순서에 따른 선후 관계지만, 지어지선은 이 둘에 모두 적용되는 실천 기준으로, 어떠한 경우에도 최선의 경지에 머물러야 한다는 것이다. 즉, 각각 명명덕에 지어지선하고 친민에 지어지선해야 한다는 뜻이다.

진정한 대학인이라면 자기 자신만을 위해서 노력하지 않는다. 또한 그 노력도 혼자만의 힘으로 이루어지는 것이 아님을 알 것이다.

지극히 좋은 상태에 머무는 것을 안 다음에 의지가 정해지고, 의지가 정해지면 마음이 흔들리지 않게 되며, 마음이 흔들지 않게 되어야 평안할 수 있고, 평안한 다음에 바르게 생각할 수 있고, 바르게 생각한 다음에 지극히 좋은 상태에 도달할 수 있다.

◎知止而后有定 定而后能靜 靜而后能安 安而后能慮 慮而后能得
　　지 지 이 후 유 정　 정 이 후 능 정　 정 이 후 능 안　 안 이 후 능 려　 여 이 후 능 득

앞의 문장에서 말했던 지어지선의 과정을 자세히 설명한 말이다.

명명덕을 하고 친민을 하는 것은, 각각 최선의 경지에 머물기 위함이다. 그런데 먼저 그 지극히 좋은 상태가 무엇인지 모른다면 거기에 머무를 수가 없다. 사격 선수가 과녁을 확인하지 않고는 명중시킬 수 없는 것과 같은 경우라고 할 수 있다. 최선의 경지를 제대로 알고 마지막으로 지향해야 할 바를 세우면[정(定)] 마음에 동요가 없이 고요해지고[정(靜)], 마음이 고요해지면 여유가 생기고 평안할[안(安)] 수 있다. 마음이 평안해지면 자신의 행동이 올바른지 살필[려(慮)] 수 있으며, 비로소 지극한 선에 도달할[득(得)] 수 있다.

《대학》은 공부의 목적과 그 방법의 순서를 적은 책이다. '지극히 좋은 상태에 머무는 것을 안다.'는 것은 공부의 참다운 목적이 무엇인지를 안다는 말이다. 자기 몸과 마음을 늘 맑고 밝게 하여 타고난 본성이 가려지지 않도록 하는 것이 공부의 목적이다.

그런데 예전이나 지금이나 공부의 목적을 상급 학교에 진학하여 세속적 욕구를 채우는 데에만 두기 때문에 문제가 생기는 것이다. 아침부터 밤늦도록 학교와 학원을 들락거리면서 공부를 하는데, 그 목적이 대학에 진학하는 요령만을 배우는 데 있다면 어찌 희망이 보이겠는가? 어쩌면 이러한 인간의 모습이 우주의 질서, 생태계의 질서를 망치는 근본 원인일 것이다.

공부의 목적을 제대로 알게 되면 마음을 정할 수 있다. 마음을 정하게 되면 흔들림이 없게 된다. 물론 짧은 시간에 쉽게 이루어지는 일은 아니다. 공자도 스스로 고백하기를 나이 열다섯에 배움의 길에 들어 서른이 되어 나름대로 체계를 세웠으며, 마흔이 되어서야 비로소 흔들림이 없었다고 하였다. 정보화 시대를 살아가는 우리들에게는 더욱 힘든 일이다. 그러나 쉽게 얻는 것은 쉽게 사라진다는 것을 깨달아야 한다. 그러니 끊임없는 노력이 필요한 것이다.

마음을 정하면 고요함을 얻을 수 있다. 고요함이란 자신을 포함하여 외부 환경에 영향을 받지 않는 상태다. 고요한 마음은 어떠한 어려운 환경도 극복할 수 있다. 석가모니가 요괴의 유혹에 굴하지 않고 꿋꿋하게 수행을 할 수 있었던 것도 마음의 고요함을 얻었기에 가능했다.

그러나 마음의 고요함을 얻었다는 것이 모든 감각 기능과 의식이 멈춘 명상의 상태에 도달하는 것을 말하는 것은 아니다. 기뻐할 때는 기뻐하고 슬퍼할 때는 슬퍼해야 한다. 이를 적절하게 표현하면, '쉼없이 움직이면서도 조금의 움직임도 없다.'가 된다. 바로 이것이 '정(靜)'이다.

이렇게 하면 비로소 평안함을 얻을 수 있다. 그리고 마음이 평안함을 얻었다면 생각할 수 있게 된다. 여기서 '생각함'이란 단순한 뇌의 작용을 말하는 것이 아니다. 뚜렷한 목적의식을 갖고 정성을 다해 생각하고 연구하는 것을 의미한다. 그러면 마침내 '지선(至善)'의 상태를 얻을 수 있다고 하였다. 이렇게 이 문장은 자신이 머물러야 할 지선이라는 목적을 알고 난 다음, 그 지선을 얻기까지의 과정과 근거를 밝힌 것이다.

모든 사물에는 근본과 말단이 있고, 일에는 시작과 끝이 있으니, 근본과 말단, 시작과 끝의 순서를 깨달으면 도(道)에 가까울 것이다.

◎物有本末 事有終始 知所先後 則近道矣
　物 유 본 말　사 유 종 시　지 소 선 후　즉 근 도 의

세상에는 근본과 말단이 있고, 시작과 끝이 있게 마련이다. 이에 따라서 먼저 해야 할 일과 나중에 해야 할 일이 구분된다. 앞의 내용과 연결해서 보면 자신의 성품을 잘 다듬는 것인 명명덕이 근본이고, 남을 친애하는(또는 새롭게 이끌어 주는) 친민은 말단이다.

또 머물러야 할 최선의 상태를 아는 것인 '지지(知止)'는 시작이며, 그러한 최선의 상태를 얻는 것인 '능득(能得)'은 끝이다. 따라서 근본과 시작은 먼저 행하고 말단과 끝은 나중에 해야 하는 것이다. 이러한 이치를 잘 깨달아서 행동하는 것이 대학지도(大學之道)에 가까이 이르는 방법이다.

글자를 보면 더 분명하게 알 수 있다. '본(本)' 자는 씨앗에서 비롯하여 나무의 뿌리 부분이 자라난 모습이며, '말(末)' 자는 가지가 뻗어

나온 모습이다. 씨앗을 땅에 뿌리면 뿌리가 먼저 나오고 그 뒤에 줄기가 나온다. 뿌리가 먼저 땅에 자리를 굳게 잡아야 줄기와 가지가 나올 수 있는 것이다. 뿌리와 줄기가 따로 존재하는 것은 아니지만 분명 순서가 있다. 뿌리나 씨앗이 없으면 무슨 방법으로 줄기나 가지가 생겨나겠는가?

또한 본말의 의미를 제대로 알고 넘어가야 한다. 본말을 달리 표현하면 근본과 말단이라고 할 수 있다. 그런데 근본이라고 하니 매우 중요한 것이고, 말단이라고 하니 별로 중요하지 않은 것이라 여길 수 있다. 그러나 뿌리 없는 줄기가 있을 리 없지만, 줄기가 없는 뿌리가 있은들 무슨 소용이 있을까? 농부가 봄에 씨앗을 뿌리는 것은 가을에 많은 곡식을 얻기 위해서다. 봄에 한 줌의 깨를 땅에 뿌렸는데 가을에 열 톨 정도의 깨를 거두어들였다고 하자. 이렇게 아무런 수확도 없다면 땅에 깨를 뿌릴 이유가 없는 것이다. 그러므로 근본을 먼저 세우되 말단이 제대로 이루어지도록 해야 하는 것이다.

'먼저와 나중을 알면 도에 가깝다.'라는 표현도 참으로 멋있다. 그냥 '도이다.'라고 하지 않고 '도에 가깝다.'라고 한 것은 지극히 겸손한 표현이기도 하지만, 무언가 우리에게 많이 생각하고 고민할 거리를 주기도 한다. 본말의 문제는 논리나 시간으로는 앞뒤가 분명하나, 그 진행과 중요성에는 차이가 없다는 것을 바르게 이해해야 할 것이다.

옛날에 착한 본성을 세상에 밝히고자 하는 사람은 먼저 자기 나라[3]를 잘 다스렸으며, 자기 나라를 잘 다스리고자 하면 먼저 자기 집안[4]을 바로잡았으며, 자기 집안을 바로잡고자 하면 먼저 자기 자신의 몸을 닦았고, 자신의 몸을 닦고자 하면 먼저 자신의 마음을 바르게 하고, 자신의 마음을 바르게 하고자 하면 먼저 자신의 뜻을 정성스럽게 하고, 자신의 뜻을 정성스럽게 하고자 하면 먼저 자신의 앎을 지극한 경지에 이르도록 하였다. 자신의 앎을 지극한 경지에 이르도록 하는 일은 사물의 이치를 깊이 연구하여 밝히는 데 있다.

◎古之欲明明德於天下者 先治其國 欲治其國者 先齊其家 欲齊其家者
　고 지 욕 명 명 덕 어 천 하 자　선 치 기 국　욕 치 기 국 자　선 제 기 가　욕 제 기 가 자

　先修其身 欲修其身者 先正其心 欲正其心者 先誠其意 欲誠其意者
　선 수 기 신　욕 수 기 신 자　선 정 기 심　욕 정 기 심 자　선 성 기 의　욕 성 기 의 자

　先致其知 致知在格物
　선 치 기 지　치 지 재 격 물

《대학》의 구조는 삼강령과 팔조목으로 이루어져 있다. 명명덕과 친민, 그리고 지어지선이 삼강령이고, 이번 장에서 말하는 내용들이 팔조목이다. 이 원문의 순서를 거꾸로 해서 보면, 격물(格物)·치지(致

---

3) 여기서 나라는 천하를 구성하는 단위로 요즘과 같은 국가가 아니라 제후가 다스리는 영역을 가리킨다.
4) 집안은 단순히 가족이나 집을 뜻하는 것이 아니라, 나라를 구성하는 단위로 대부(大夫)가 관할하는 영역을 말한다.

知)·성의(誠意)·정심(正心)·수신(修身)·제가(齊家)·치국(治國)·평천하(平天下)다. 삼강령이 큰 줄기를 말한 것이라면, 팔조목은 구체적 실천 과정을 차례대로 풀이한 것이다.

'옛날에 착한 본성을 세상에 밝히고자 하는 사람'이란 진실한 마음과 자세로 정치를 하고자 했던 요순과 같은 임금을 뜻한다. 명명덕을 먼저 내세운 것은 수신이 근본이라는 점을 강조하기 위해서다. 그런 다음에 세상 사람들로 하여금 올바른 도리를 지키며 살게 한다는 뜻이니, 이것이 유학에서 말하는 왕도정치(王道政治)의 실현이다. 또한 '이상 세계의 실현'이라고 해도 맞다.

자신의 밝은 덕을 세상에 밝힌다는 말은 권모술수나 힘이 아니라, 끊임없는 자기 수양을 통해서 사람들과 함께하는 정치를 말하는 것이다. 명덕을 자신에게 하면 수신이 되고, 자기 나라에 하면 치국이 되며, 온 세상에 하면 평천하가 되는 것이다.

천하에 밝은 덕을 밝히는 것은 모든 사람들로 하여금 본래의 선한 모습대로 살게 하는 것이다. 그러기 위해서 가장 먼저 해야 할 것은 자신(임금)의 인격 수양이다. 높은 덕망을 갖추지 못한 임금은 백성들을 새롭게 할 수 없기 때문이다.

인격 수양은 곧 수신이다. 수신이란 악을 없애고 선을 드러내어 인격적인 바탕을 갖추어 간다는 것인데, 그 기본 바탕이 사물을 올바르게 파악하여(격물) 제대로 알며(치지), 올바른 생각을 가지고(성의), 마음을 바르게 갖는(정심) 것이다. 이렇게 하면 올바른 인격을 갖추게 되는데(수신), 이를 바탕으로 집안을 제대로 잡고(제가) 나라를 바로 다스리며(치국), 결국에는 천하를 평안하게 만들 수 있게 된다(평천하)는 주장이다. 즉, 제가·치국·평천하는 반드시 수신을 바탕으로 해서 이루어진다는 것이다.

모든 사물의 이치를 철저하게 탐구한 다음에 앎이 지극한 경지에 도달하고, 앎이 지극한 경지에 도달한 다음에 뜻이 정성스러워지며, 뜻이 정성스러워진 다음에 마음이 바르게 되고, 마음이 바르게 된 다음에 몸이 닦이고, 몸이 닦인 다음에 집안이 바로잡히고, 집안이 바로잡힌 다음에 나라가 잘 다스려지고, 나라가 잘 다스려지면 천하는 태평하게 될 것이다.

천자(天子)부터 일반 평민에 이르기까지 모두 한결같이 몸을 닦는 것을 근본으로 삼아야 한다. 근본이 어지러우면서 말단이 다스려지는 경우는 없으며, 두텁게 해야 할 것에 얇게 하고 얇게 해야 할 것에 두텁게 하는 경우는 아직 없었다.

◎物格而后知至 知至而后意誠 意誠而后心正 心正而后身修 身修而后
　　물격이후지지　지지이후의성　의성이후심정　심정이후신수　신수이후

　家齊 家齊而后國治 國治而后天下平 自天子以至於庶人 壹是皆以修
　　가제　가제이후국치　국치이후천하평　자천자이지어서인　일시개이수

30

身爲本 其本亂而末治者否矣 其所厚者薄 而其所薄者厚 未之有也
신위본 기본란이말치자부의 기소후자박 이기소박자후 미지유야

앞에서 말한 내용이 열매에서 줄기를 거쳐 뿌리 쪽으로 향하고
있다면, 여기에서는 거꾸로 뿌리에서 열매 쪽으로 향하고 있다. 즉,
뿌리부터 시작하여 줄기로, 다시 가지로 뻗어나가 열매를 맺는 과정
을 나열한 것이다. 따라서 자기의 몸을 닦는 수신이 모든 세상사의
근본임을 다시 한 번 강조한 글이라고 할 수 있다.

당시의 최고 통치자는 천자였다. 천자는 천제(天帝)의 아들이라는
말로, 임금을 가리킨다. 수신은 이러한 천자뿐만 아니라 모든 사람
들이 근본으로 삼아야 하는 덕목이다. 임금이나 평범한 사람에 이르
기까지 무엇보다도 중요한 것은 인간적인 덕성을 갖추는 것이기 때
문이다. 특히 임금에게는 더욱 높은 도덕성이 요구되는데, 이는 유
교의 덕치주의(德治主義)가 성립될 수 있는 중요한 근거가 되기 때문
이다.

2. 밝은 덕을 밝혀라

〈강고(康誥)〉에서는 "타고난 밝은 덕성을 밝힌다."라고 하였으며,
〈태갑(太甲)〉에서는 "하늘이 내려준 밝은 덕성을 돌아본다."라고 하

였다. 또한 〈제전(帝典)〉에서는 "최고의 덕성을 밝힌다."라고 하였으
니, 모두 사람이 타고난 밝은 덕성을 밝히는 것을 말한 것이다.

◎康誥曰 克明德 太甲曰 顧諟天之明命 帝典曰 克明峻德 皆自明也
　강 고 왈　극 명 덕　태 갑 왈　고 시 천 지 명 명　제 전 왈　극 명 준 덕　개 자 명 야

〈강고〉, 〈태갑〉, 〈제전〉이라는 것은 오경 가운데 하나인 《서경》의
편명이다. '경(經)'이란 성현이 남긴 훌륭한 말씀과 행동을 기록한 책
을 가리킨다.

　이 글은 삼강령 가운데 하나인 명명덕에 관한 설명인데, 먼저 〈강
고〉 편의 글은 내 몸에 이미 갖추어진 밝은 덕성을 다른 것으로 가릴
수 있으니 극복해야 한다는 의미다. 〈태갑〉 편의 글은 하늘에서 내
려준 밝은 덕성을 언제나 의식하고 주의를 게을리하지 않도록 노력
한다는 뜻이다. 이는 어떤 특별한 사람에게만 해당되는 것이 아니다.
모든 사람이 하늘에서 받은 밝은 덕을 스스로 알고 본래의 빛을 내도
록 노력해야 한다는 뜻으로 보아야 한다.

　〈제전〉 편에서 말한 '최고의 덕성[준덕(峻德)]'도 마찬가지다. 결국
이 글에서 말한 최고의 덕성은 스스로 자기의 밝은 덕성을 밝히고 빛
내는 일이라고 볼 수 있다.

　모든 사람은 밝은 덕을 타고난다는 점에서 동등하다고 할 수 있으
나, 살아가는 과정에서 얼마나 노력하느냐에 따라 서로 달라질 수

있다. 훌륭한 인물은 타고난 자질 때문에 성공한 것이 아니라, 끝없는 자기 노력과 실천 덕분에 성공할 수 있었던 것이기 때문이다.

3. 백성을 새롭게

탕(湯)의 목욕통에는 '진실로 하루를 새롭게 하려거든 날마다 더욱 새롭게 하고, 또 날로 새롭게 하라.'는 글귀가 새겨져 있다.

《서경》〈강고〉에서는 "백성들 스스로 자신의 덕을 새롭게 하도록 하라."고 하였다.

《시경》에서는 "주나라가 비록 오래된 나라지만 문왕(文王)이 백성들을 덕으로 이끌어서 천하를 맡아 다스리게 한 하늘의 명은 새로운 것이다."라고 하였다. 그러므로 군자(君子)는 새롭게 하는 데 최선을 다해야 한다.

◎湯之盤銘曰 苟日新 日日新 又日新 康誥曰 作新民 詩曰 周雖舊邦
　탕 지 반 명 왈　구 일 신　일 일 신　우 일 신　강 고 왈　작 신 민　시 왈　주 수 구 방

其命維新 是故君子無所不用其極
기 명 유 신　시 고 군 자 무 소 불 용 기 극

《대학》의 삼강령 중에서 친민에 대한 내용을 풀이한 것이다. '친'을

'신'으로 해석할 수도 있는데, '새롭다.'는 형용사로 볼 수도 있고, '새롭게 한다.'는 동사로 볼 수도 있다.

　주자는 직접 가르침을 받지는 않았지만, 그의 학문적 업적에 큰 영향을 끼친 정이천의 주장을 받아들여 친을 신으로 해석하였다. 그래서 탕임금의 욕통에 새겨 놓았다는 신이라는 글자의 의미를 새롭게 한다는 동사로 해석하였다. 학급의 급훈으로, 또는 한문 시험에 자주 등장했던 문구이기도 한 일신우일신(日新又日新)이라는 말이 바로 여기에서 나온 말이다.

　이 글에서는 《서경》과 《시경》의 내용을 인용하여 친민, 또는 신민의 세 단계를 일깨워 주고 있다. 첫째는 근본이 되는 것으로, 먼저 자신의 도덕성을 세우는 것이다. 둘째는 자신의 도덕성을 바탕으로 백성들로 하여금 스스로 악을 버리고 선으로 돌아오도록 하는 것이다. 그리고 셋째는 백성들에게 덕을 베풀어 최선의 경지에 머물도록 하는 것이다.

　은(殷)나라의 임금인 탕은 자신의 목욕통에 '진실로 하루를 새롭게 하려거든 날마다 더욱 새롭게 하고, 또 날로 새롭게 하라.'라는 글을 새기게 하여 늘 자신을 경계하고자 하는 의지를 표현했다. 마치 학창 시절에 책상 앞에 '노력'이니 '필승'이니 하는 표어를 붙여 놓는 것과 다름이 없는 것이다.

　그런데 왜 목욕통에 이러한 글을 새겨 놓은 것일까? 그것은 아마도 매일 목욕을 하지 않으면 몸에 때가 끼듯이 마음도 매일 닦지 않으면 더러워진다고 여겨서, 매일 몸을 담그는 목욕통에 새겨서 늘 자신을 반성하고자 한 것이라 여겨진다.

자신을 새롭게 한다는 것은 곧 세상을 새롭게 한다는 뜻이기도 하다. 임금으로서 먼저 솔선수범하여 백성에게 모범이 되고, 나아가서는 백성들도 일깨워 주어야 한다는 것이다. 물론 이러한 자세는 임금에게만 해당하는 것이 아니라 모든 백성에게까지 적용되는 것이다.

오늘날 우리도 새로운 한 해가 시작되는 날을 계기로 해서 새로운 각오를 다짐한다. 새해 계획서를 작성하기도 하고, 동해로 일출을 맞이하러 가기도 하며, 건강에 더욱 신경쓰자고 다짐하기도 한다. 모두 훌륭하고 적극적인 자세다. 그러나 이를 얼마나 지키느냐가 문제다. 대부분 작심삼일(作心三日)로 끝나는 경우가 많다. 새롭게 한다는 것은 어느 한 순간에만 해당되는 것이 아니라 늘 꾸준하게 진행되어야 하는 것이다.

4. 최고의 선에 머무름

《시경》에 이르기를 "위대한 덕을 지닌 임금이 직접 다스리는 천리의 땅[방기천리(邦畿千里)], 이곳이야말로 백성들이 머물러 살 만한 곳이다."라고 하였다.

《시경》에 이르기를 "고운 소리를 내는 꾀꼬리는 울창한 숲속에 머무는구나."라고 하였다.

공자가 말했다. "새도 좋은 곳을 가려 머물러야 할 곳을 알거늘, 하물며 사람이 되어서 새만도 못할 수 있겠는가?"

◎詩云 邦畿千里 惟民所止 詩云 緡蠻黃鳥 止于丘隅 子曰 於止 知其
　시 운　방 기 천 리　유 민 지 소　시 운　면 만 황 조　지 우 구 우　자 왈　어 지　지 기

所止 可以人而不如鳥乎
소 지　가 이 인 이 불 여 조 호

《시경》의 〈상송(商頌)〉편 현조(玄鳥)에서 인용한 글이다. 방기(邦畿)는 임금이 사는 도읍지로, 임금이 직접 다스리는 곳이다. 임금이 덕으로써 백성을 다스리니 백성들의 삶이 풍요로워짐을 노래한 것이다. 고운 소리를 내는 꾀꼬리는 화살이나 그물이 미치지 못하는 울창한 숲에 둥지를 틀고 산다. 이곳이야말로 꾀꼬리가 살기에 가장 좋은 곳이기 때문이다.

다음 글에서 공자가 덧붙인 말을 풀어 보면 이렇다. '머무른다는 점에서는 한낱 새인 꾀꼬리도 자기가 머물 곳을 잘 알고 그곳으로 모여든다. 하물며 만물의 영장인 인간으로서 당연히 머물러야 할 지극히 선한 경지를 모른다면 새만도 못한 것이 아니겠는가?' 즉, 사람이

라면 지극히 선한 경지를 알아야 한다는 것을 강조한 말이다.

《시경》에 "깊고 그윽한 문왕이여! 아, 한결같이 빛나며 경건하게 머물렀네."라고 하였는데, (문왕은) 임금이 되어서는 어진 곳에 머물고, 신하가 되어서는 공경함에 머물고, 아들이 되어서는 효성스러움에 머물고, 어버이가 되어서는 자애로움에 머물고, 백성들과 사귈 때는 믿음에 머물렀다.

◎詩云 穆穆文王 於緝熙敬止 爲人君 止於仁 爲人臣 止於敬 爲人子
　시 운　목 목 문 왕　오 즙 희 경 지　위 인 군　지 어 인　위 인 신　지 어 경　위 인 자

止於孝 爲人父 止於慈 與國人交 止於信
지 어 효　위 인 부　지 어 자　여 국 인 교　지 어 신

　은나라의 폭군인 주(紂)를 무너뜨리고 주나라를 세운 무왕(武王)의 아버지 문왕을 칭송한 시인데, 문왕이 언제나 지극한 선에 머물렀음을 칭송한 것이다. 이 문장을 통해 지극한 선에 머무는 것이 어떤 것인지를 알 수 있다.
　문왕은 임금이 되어서는 한결같이 어진 마음으로 백성을 대하고, 신하였을 때에는 진실한 자세로 임금을 섬기고, 자식으로서는 부모에게 효도를 다하였으며, 부모로서 자식을 대할 때는 늘 자애로움을

아끼지 않았다. 그리고 다른 사람들과 사귈 때에는 항상 신의를 지켰다는 것이다. 이와 같이 문왕은 언제나 각각의 처지에 맞게 지선의 경지에 머물렀다는 것이다.

《시경》에 "저 기수(淇水)의 굽이진 곳을 바라보니 푸르른 대나무가 무성하구나. 빛나는 군자여! 자르는 듯 다듬는 듯하며 쪼는 듯 가는 듯하구나. 엄밀하고 꿋꿋하며 빛나고 훤칠하구나. 빛나는 군자여! 끝내 잊을 수 없구나."라고 하였다.

'자르는 듯 다듬는 듯하다.'는 것은 남에게 배우는 것을 말하는 것이며, '쪼는 듯 가는 듯하다.'는 것은 스스로 반성하여 덕을 닦는 것을 말한 것이다. '엄밀하고 꿋꿋하다.'는 것은 스스로 삼가는 모습이고, '빛나고 훤칠하다.'는 것은 위엄 있는 모습을 말한 것이다. '빛나는 군자를 끝내 잊을 수 없다.'는 것은 아름다운 덕이 최고의 경지에 다다른 것을 백성들이 잊을 수 없다는 것을 말한 것이다.

《시경》에 "아아! 옛 임금인 문왕과 무왕을 잊지 못하겠구나."라고 하였다. 그래서 군자(후세의 임금들)는 그 임금(문왕·무왕)의 어진 것을 자신의 어진 것으로 삼고, 그 임금의 친한 것(문왕·무왕의 자손)을 자신의 친한 것으로 삼는다. 소인(小人, 백성들)은 그 임금의 즐거움을 자신의 즐거움으로 삼고, 그 임금의 이로움을 자신의 이로움으로 삼는다. 이 때문에 문왕과 무왕이 세상을 떠났어도 그 은덕을 잊지 못하는 것이다.

◎詩云 瞻彼淇澳 菉竹猗猗 有斐君子 如切如磋 如琢如磨 瑟兮僩兮 赫
  시운 첨피기욱 녹죽의의 유비군자 여절여차 여탁여마 슬혜한혜 혁

  兮喧兮 有斐君子 終不可諠兮 如切如磋者 道學也 如琢如磨者 自修
  혜훤혜 유비군자 종불가훤혜 여절여차자 도학야 여탁여마자 자수

  也 瑟兮僩兮者 恂慄也 赫兮喧兮者 威儀也 有斐君子 終不可諠兮者
  야 슬혜한혜자 순율야 혁혜훤혜자 위의야 유비군자 종불가훤혜자

  道盛德至善 民之不能忘也 詩云 於戲 前王不忘 君子賢其賢而親其
  도성덕지선 민지불능망야 시운 오호 전왕불망 군자현기현이친기

  親 小人樂其樂而利其利 此以沒世不忘也
  친 소인락기락이리기리 차이몰세불망야

처음에 인용한 시는 위(衛)나라의 무공(武公)을 칭송한 것이다. 무공은 95세가 되어서도 항상 신하들에게 가르침을 청하였고, 부지런히 나랏일을 돌보았다. 그래서 백성들이 그의 덕을 칭찬하여 노래한 것이다. 강가에 무성하게 자란 대나무 숲의 아름다움에 비유해서 무공의 아름다운 덕을 노래한 이 시는 사랑하는 연인에게 보내는 편지보다도 더 간절하다.

지극한 선에 도달하기 위해서는 끊임없이 배우고 자신을 단련해야한다. 이러한 것을 '절차탁마(切磋琢磨)'라고 한다. 옥석을 갈고 다듬고 닦아 빛나는 보석을 만들듯이, 학문이나 덕을 닦아 인격을 완성하는

과정을 비유한 말이다.

'뼈에는 절(切)이라 하고, 상아(象牙)에는 차(磋)라 하고, 옥에는 탁(琢)이라 하고, 돌에는 마(磨)라 한다.'라는 옛 주석에 대해 주자가 조금 보충을 했다. 주자는 "절(切)은 칼과 톱을 쓰고, 차(磋)는 줄이나 대패를 쓰고, 탁(琢)은 망치와 끌을 써서 재료를 잘라 세공을 하여 아름다운 모양의 상품을 만드는 것이고, 마(磨)는 모래나 돌을 써서 재료의 손상된 부분을 깎아 매끄럽게 하거나 갈아서 윤이 나게 하는 것이다."라고 하였다. 이를테면 동물의 뼈나 뿔을 손질할 경우에는 절차의 과정이 필요한 것이고, 옥이나 돌 같은 광물질을 손질할 때에는 탁마의 과정이 필요한 것이다.

이렇듯 모든 행위에는 그 나름대로 최선의 방법이 있게 마련이다. 지극한 선에 머무는 것은 결코 우연히 이루어지는 게 아니라는 뜻이기도 하다. 뼈나 조각을 다듬는 일도 이렇게 손이 많이 가는데, 하물며 지극한 선에 머무는 일은 어떻겠는가? 밤낮으로 자기를 닦고 돌아보며 학문에 몰두하는 것 자체가 중요한 것이다.

그리고 '엄밀하고 꿋꿋하다.'는 명명덕을, '빛나고 훤칠하다.'는 친민을, '빛나는 군자를 끝내 잊을 수 없다.'는 것은 지어지선을 은유적으로 표현한 것이다.

마지막에는 성인(聖人)이나 군자가 보통 사람과 다른 점을 밝히고 있다. 성인이나 군자는 모든 사람이 이상으로 삼는 세상을 실현하고

자 끊임없이 노력하며, 그 결과를 백성들과 함께 누리고자 하는 사람이다. 그에 비해 소인, 또는 일반 백성은 그런 임금의 은덕으로 생긴 결과를 누리는 사람이다. 이 때문에 모든 백성들이 문왕과 무왕을 영원히 잊을 수 없다는 것이다.

5. 근본과 말단

공자가 말했다. "소송을 처리하는 것은 나도 다른 사람과 같지만, 그보다 나는 반드시 소송 자체를 없어지게 할 것이다!"
진실하지 못한 사람이 하고 싶은 말을 다하지 못하는 까닭은 백성의 뜻을 크게 두려워하기 때문이니, 이것이 근본을 아는 것이라는 뜻이다.

◎子曰 聽訟 吾猶人也 必也使無訟乎 無情者不得盡其辭 大畏民志 此謂
　자왈　청송　오유인야　필야사무송호　무정자부득진기사　대외민지　차위

　知本
　지본

백성들의 소송을 받아들여서 옳고 그름을 가려 주는 것은 공자도 다른 재판관들과 다를 바가 없었을 것이다. 그러나 공자가 다른 재

판관과 다른 점은 소송 자체를 아예 일어나지 않게 하려 했다는 것이다. 얼마나 이상적인 말인가?

대부분의 소송은 서로의 이해관계가 충돌하여 일어난다. 이런 경우 소송을 바르게 처리하는 것도 중요하지만, 더 중요한 것은 사람들로 하여금 서로 다툴 일이 없도록 만드는 것이다.

본문의 '무정자(無情者)'는 진실성이 없는 사람을 말한다. 소송 생산자라고 해도 지나치지 않은 사람이다. 진실성과는 거리가 멀고 오직 이익만을 추구하는 존재이기에, 이 같은 사람이 많아질수록 소송은 끊이지 않고 이어진다. 무정자의 소송을 판결해 주는 일이 말단이라면, 이들을 무정자가 아닌 진실한 사람, 즉 '유정자(有情者)'로 만들어 소송 자체가 없도록 하는 것이 근본이라고 할 수 있다.

6. 사물을 탐구하여 앎에 도달함

사물의 이치를 밝혀 앎에 도달한다는 것은, 우리의 지식을 깊은 경지까지 발전시켜서 사물의 현상을 자세하게 살피고, 정성을 다해 그 사물의 본질과 원리를 탐구해야 한다는 뜻이다.

사람의 마음에는 타고난 영특함과 지각이 있다. 세상 모든 사물에도 나름의 법칙과 원리가 있다. 그런데 사물에 대한 자연적 원리를 힘써 파고들지 않으면, 우리의 앎이 섬세하고 확실한 경지까지 도달할 수 없다.

그러므로 《대학》을 처음 가르칠 때에는 반드시 배우는 자들로 하여금 모든 사물과 만나 이미 알고 있는 이치를 더욱 깊이 들어가 탐구하도록 하며, 가장 높은 경지에 도달하도록 해야 한다. 오랫동안 정성을 기울여 한순간에 훤하게 깨닫게 되면, 모든 사물의 겉과 속, 정밀한 것과 거친 것에 이르기까지 모든 것을 알게 될 것이다. 그러면 지식이 완벽해져서 우리의 견해가 밝아질 것이다. 이것을 '사물의 이치를 밝힘(격물)'이라고 하며, '앎에 도달한 것(지지)'이라고 한다.

◎所謂致知在格物者 言欲致吾之知 在卽物而窮其理也 蓋人心之靈 莫
　소 위 치 지 재 격 물 자　언 욕 치 오 지 지　재 즉 물 이 궁 기 리 야　개 인 심 지 령　막

不有知 而天下之物 莫不有理 惟於理有未窮故 其知有不盡也 是以
불 유 지　이 천 하 지 물　막 불 유 리　유 어 리 유 미 궁 고　기 지 유 부 진 야　시 이

大學始敎 必使學者卽凡天下之物 莫不因其已知之理而益窮之 以求
대 학 시 교　필 사 학 자 즉 범 천 하 지 물　막 불 인 기 이 지 지 리 이 익 궁 지　이 구

至乎其極 至於用力之久 而一旦豁然貫通焉 則衆物之表裏精粗 無
지 호 기 극　지 어 용 력 지 구　이 일 단 활 연 관 통 언　즉 중 물 지 표 리 정 조　무

不到 而吾心之全體大用無不明矣 此謂格物 此謂知之至也
부 도　이 오 심 지 전 체 대 용 무 불 명 의　차 위 격 물　차 위 지 지 지 야

'격물치지(格物致知)'의 해석에는 어려움이 있다. 그 내용이 지워져

전해지지 않기 때문이다. 그래서 주자가 정자(程子, 정이천·정명도 형제를 가리킴)의 견해를 바탕으로 없어진 문장을 보충했는데, 이를 보전(補傳), 또는 격물보전(格物補傳)이라고 한다. 134자 모두 주자가 보충하여 설명한 것이다.

주자는 일반적인 앎을 궁극에까지 미루어 넓히는 것을 치지라고 했으며, 그러기 위해서 사물에 담겨 있는 이치를 완벽하게 파악하는 것을 격물이라고 하였다. 반면에 왕수인은 누구나 지닌 고유한 앎, 즉 양지(良知)를 완전히 실현하는 것이 치지이며, 이를 위해서 사물의 잘못된 뜻을 바로잡는 것을 격물이라고 하였다.

다시 말하면 주자는 '격'을 '이르다[지(至)].'로 해석했으나, 왕양명은 '바로잡는다[정(正)].'로 해석한 것이다. 이 격물치지에 대한 해석 문제는 주자학을 비판하는 양명학의 핵심 요소이기도 하다.

즉, 주자는 앎을 지극하게 한 다음에 실천하게 된다고 보아서 지(知)와 행(行)을 분리해서 이해한 데 비해, 왕양명은 이미 앎은 누구에게나 있는 것이므로 잘못된 사물을 바로잡는 실천이 중요하다고 보아서 지와 행이 하나임을 주장했다.

사람은 누구나 태어날 때부터 지각 능력을 지니고 있다. 즉, 이성적 존재라는 뜻이다. 그러나 완벽함에 도달하려면 끊임없이 탐구해야 한다. 그래야 참다운 앎의 세계에 도달할 수 있기 때문이다.

중국 무술 가운데 '쿵푸'라는 것이 있다. 이 말은 사실 '공부(工夫)'에서 나온 말이다. 공부를 중국어로 읽으면 꿍푸(gong-fu)다. 그러니까 쿵푸는 무술의 명칭이 아니라, 각 분야에서 끊임없이 노력하여 좀 더 나은 단계로 나아가고자 하는 전 과정이라고 할 수 있다. 흔히 공부라면 단순하게 학교에서 배우는 교과 과정이나 지식 습득 정도로 받아들이는 경우가 많은데, 그것은 공부의 의미를 지나치게 축소시키는 것이다.

사람은 사물과 함께 존재한다. 그리고 사람에게는 사물에 대한 인식 능력이 있다. 이미 갖추어진 이 인식 능력으로 알고 있는 부분을 끊임없이 탐구해 가면, 어느 단계에 이르러서는 사물의 본질을 이해하게 될 것이다. 그러면 모든 것에 통달하여 막힘이 없어지고 훤하게 밝아질 것이다. 만약 사물 하나하나를 깊이 연구하여 그 원리를 밝히고 깨달아서 실천할 수 있는 지혜가 없다면, 평생 어리석게 살아갈 수밖에 없음을 잊어서는 안 될 것이다.

7. 뜻을 정성스럽게

뜻을 정성스럽게 한다는 것은 자기 자신을 속이지 않는 것을 말한다. 마치 사람들이 나쁜 냄새를 싫어하고, 아름다운 색을 좋아하는 것과 같은데, 이를 '스스로 만족하는 것'이라고 한다. 그러므로 군자는 반드시 홀로 있을 때에도 삼가야 한다.

소인은 혼자 있을 때에는 나쁜 짓을 하다가, 군자를 본 뒤에는 그 나쁜 점을 숨기고 착한 척한다. 그렇지만 남들이 나를 보는 것이 허파와 간을 들여다보듯이 하니 무슨 이로움이 있겠는가? 이것이 바로 속에서 정성스러우면 밖으로도 드러난다는 것이다. 그러므로 군자는 반드시 홀로 있을 때에도 삼가야 하는 것이다.

증자가 말하기를 "혼자 있을 때에도 열 개의 눈이 나를 지켜보며, 열 개의 손가락이 나를 가리키는 것처럼 여겨야 하니, 참으로 준엄하구나!"라고 하였다. 부자는 자기 집을 잘 꾸미고, 덕이 있는 자는 자신의 몸과 마음을 훌륭하게 하니, 마음이 넓으면 몸이 편하게 펴지는 것이다. 그러므로 군자는 반드시 그 뜻을 정성스럽게 한다.

◎所謂誠其意者 毋自欺也 如惡惡臭 如好好色 此之謂自謙 故君子必
　소 위 성 기 의 자　무 자 기 야　여 오 악 취　여 호 호 색　차 지 위 자 협　고 군 자 필

慎其獨也 小人閒居爲不善 無所不至 見君子 而后厭然揜其不善而
　신 기 독 야　소 인 한 거 위 불 선　무 소 부 지　견 군 자　이 후 엽 연 엄 기 불 선 이

著其善 人之視己 如見其肺肝然 則何益矣 此謂誠於中 形於外 故君子
　저 기 선　인 지 시 기　여 견 기 폐 간 연　즉 하 익 의　차 위 성 어 중　형 어 외　고 군 자

必慎其獨也 曾子曰 十目所視 十手所指 其嚴乎 富潤屋 德潤身 心廣
　필 신 기 독 야　증 자 왈　십 목 소 시　십 수 소 지　기 엄 호　부 윤 옥　덕 윤 신　심 광

體獨 故君子必誠其意
　체 반　고 군 자 필 성 기 의

속과 겉이 티끌만큼도 속임이 없이 늘 한결같은 사람을 '성실한 사람'이라고 한다. 말은 그럴 듯하게 잘하면서, 보이지 않는 곳에서는 딴짓을 하는 사람은 남을 속이기 전에 먼저 자신을 속이는 사람이다. 남을 속이는 것보다 더 어려운 것이 자신을 속이는 것이다. 먼저 자신을 속이지 않고서는 남을 속일 수가 없기 때문이다. 그러므로 뜻을 정성스럽게 한다는 말은 곧 자신을 속이지 않는다는 뜻이다.

바르게 사는 것은 남에게 보여 주기 위한 것이 아니다. 자신과의 약속이며, 거기서 오는 만족감이다. 남과 비교해서 얻는 만족이 아니라 자신의 마음에서 우러나와 실천하는 데서 오는 만족감, 이를 '자겸(自謙)'이라고 한다.

군자와 소인의 차이는 중심이 자신에게 있는가, 아니면 남에게 있는가에 있다. 주변 사람들이 아무리 뭐라고 해도 자신이 생각하기에 아니면 아닌 것이다. 이것이 군자다.

석가모니가 누구와 의논해서 출가를 했는가? 아니면 예수가 십자가를 짊어지기 위해서 제자들과 의논을 했는가? 이들이 그렇다고 누구에게 보이기 위해 행동한 것인가? 그렇지 않다.

소인은 항상 남을 의식하면서 살아가기에 혼자 있을 때에는 온갖 나쁜 짓을 다 하다가도, 남이 보면 언제 그랬냐는 듯이 얼굴색이 바뀐다. 위선이다.

군자는 겉으로 꾸미는 사람이 아니다. 남이 알아주고 안 알아주고

는 다음 문제이기 때문이다. 그러나 속에 있는 것은 언젠가 드러나게
마련이다. 그러기에 군자는 타고난 본성에 충실하고자 할 따름이다.

8. 마음을 올바로 하고 몸을 닦음

몸을 닦는 것이 마음을 바르게 하는 데 있다는 것은, 마음에 노여움
이 있으면 올바름을 얻지 못하고, 마음에 두려움이 있으면 올바름을
얻지 못한다는 뜻이다. 또한 마음에 좋아하는 바가 있으면 올바름을
얻지 못하며, 마음에 근심이 있으면 올바름을 얻지 못한다.
이와 같이 마음이 감정에 따라 움직이면 마음이 몸에서 떠난 것처럼
눈을 떴어도 보이지 않고, 귀를 열었어도 들리지 않으며, 먹어도 그
맛을 알지 못한다. 이것이 바로 몸을 닦는 것은 먼저 그 마음을 바르
게 하는 데 있다고 말하는 이유다.

◎所謂修身在正其心者 身有所忿懥 則不得其正 有所恐懼 則不得其正
　소 위 수 신 재 정 기 심 자　신 유 소 분 치　즉 부 득 기 정　유 소 공 구　즉 부 득 기 정

　有所好樂 則不得其正 有所憂患 則不得其正 心不在焉 視而不見 聽而
　유 소 호 요　즉 부 득 기 정　유 소 우 환　즉 부 득 기 정　심 부 재 언　시 이 불 견　청 이

　不聞 食而不知其味 此謂修身在正其心
　불 문　식 이 부 지 기 미　차 위 수 신 재 정 기 심

몸을 닦고자 하는 사람은 먼저 마음을 바르게 해야 한다. 옳게 행동하려면 먼저 마음가짐이 바르게 되어야 한다는 것은 기본 상식이다. 우리의 마음은 비록 선하다고 할지라도 어느 한쪽으로 치우치는 경우가 많다. 이는 바로 사람이 몸을 가진 존재이기 때문이다. 몸을 지니고 있는 한 사람은 끊임없이 욕구를 채워야 한다. 욕구를 채우는 것 자체가 나쁘다는 말이 아니다. 어느 한쪽으로 치우치면 균형과 조화를 잃게 되기 때문에 조심해야 한다는 것이다.

사람이 지닌 감정은 기쁨[희(喜)]·노여움[노(怒喜)]·슬픔[애(哀)]·즐거움[락(樂)]·사랑[애(愛)]·미움[오(惡)]·두려움[구(懼)]으로 나누어 볼 수 있다. 이 감정 자체는 선악으로 구분되지 않지만, 이 감정이 지나치거나 모자라거나 해서 균형과 조화를 잃게 되면 문제가 된다.

사람이 몸과 마음으로 이루어진 존재인 이상, 몸과 마음이 서로 작용을 하는 것은 당연하다. 따라서 서로 영향을 주고받을 수밖에 없다. 특히 마음이 바로 서지 못하면, 몸이 욕망의 구렁텅이로 빠지게 된다는 사실은 수많은 경험을 통해서 알 수 있을 것이다.

주자도 이 점에 주목해서 마음이야말로 몸의 주체임을 깨닫고, 마음이 바로 서지 않으면 조절 기능이 제대로 작용할 수 없다는 사실을 명심해야 한다고 강조했다. 그래서 인격 수양에서 정심은 가장 먼저 이루어야 할 자세다.

9. 몸을 닦고 집안을 바로잡음

자기 집안을 가지런하게 하는 것이 몸을 닦는 데 있다는 것은, 사람은 친하고 아끼는 것에 치우치고, 천하고 미워하는 것에 치우치고, 두려워하고 공경하는 것에 치우치고, 슬퍼하고 불쌍히 여기는 것에 치우치고, 거만하고 게으른 것에 치우치게 된다는 것을 뜻한다. 그러므로 좋아하되 그 나쁜 점을 알고, 미워하되 그 아름다운 점을 아는 자가 천하에 드물다.

그런 까닭에 속담에 '사람은 자기 자식의 나쁜 점을 알지 못하고, 자기 논에 잡초가 자라는 것을 알지 못한다.'라고 하였다. 이는 몸을 닦지 않으면 그 집을 가지런하게 할 수 없음을 말한 것이다.

◎所謂齊其家在修其身者 人之其所親愛而辟焉 之其所賤惡而辟焉 之
　소 위 제 기 가 재 수 기 신 자　인 지 기 소 친 애 이 벽 언　지 기 소 천 오 이 벽 언　지

其所畏敬而辟焉 之其所哀矜而辟焉 之其所敖惰而辟焉 故好而知其
기 소 외 경 이 벽 언　지 기 소 애 긍 이 벽 언　지 기 소 오 타 이 벽 언　고 호 이 지 기

惡 惡而知其美者 天下鮮矣 故諺有之曰 人莫知其子之惡 莫知其苗之
악　오 이 지 기 미 자　천 하 선 의　고 언 유 지 왈　인 막 지 기 자 지 악　막 지 기 묘 지

碩 此謂身不修 不可以齊其家
석　차 위 신 불 수　불 가 이 제 기 가

무엇이든 치우치면 문제가 된다. 주자는 '벽(辟)'을 편벽(偏僻), 즉 한쪽으로 치우쳐 공평하지 못하다는 뜻으로 해석하였다. 사실 수신제

가는 편벽함만 해결하면 이룰 수 있다고 해도 틀린 말이 아니다. 치우친다는 것은 중심을 잃는다는 말과도 통한다. 중심을 잃지 않는다면 어떠한 외부의 영향도 이겨 낼 수 있다.

사랑이 지나쳐도 문제가 된다. 지나친 사랑은 상대방을 구속하고 소유하려고 한다. 부모가 자식을 지나치게 사랑하면 소유물로 여기게 되어, 자식의 장래까지 자신의 입맛대로 좌지우지하려고 한다.

어찌 보면 이 글의 전체 내용은 고치기 힘든 인간들의 고질병에 대해 지적하고 경고한 것이라고 할 수 있다. 주자도 이에 대해 말하기를 "사랑에 빠진 사람은 밝지 못하고, 욕심에 눈먼 자는 싫증을 낼 줄 모르니, 이것이 바로 치우침이 해가 되어 집안을 가지런히 할 수 없는 것이다."라고 탄식하였다. 마음을 바르게 하여 몸을 바로 세워야 하며, 그런 사람만이 집안을 가지런히 할 수 있음을 강조한 말이다.

대부분의 사람들은 감정을 잘 조절하지 못한다. 자기가 좋아하는 사람에게는 지나치게 잘해 줄 뿐만 아니라 허물을 덮어 주는 일조차 마다하지 않는다. 반대로 싫어하는 사람은 조그마한 허물이라도 꼬투리를 잡고 난리를 피운다. 그러니 치우침이 없어야 집안이 화목하고 안락해 질 수 있는 것이다.

10. 집안을 바로잡고 나라를 다스림

나라를 다스리는 것이 반드시 먼저 그 집안을 바르게 하는 데 있다고 한 것은, 자기 집안을 가르치지 못하면서 남을 가르칠 수 있는 사람이 없기 때문이다. 그러므로 군자는 집 밖으로 나가지 않아도 나라에 가르침을 널리 편다. 군자는 집안에서 부모님께 효도를 하기에 임금을 섬길 수 있고, 형을 공경하기에 어른을 섬길 수 있는 것이며, 아이들을 사랑하기에 백성들에게 사랑을 베풀 수 있는 것이다. 〈강고〉에 이르기를 "갓난아이를 보살피는 것과 같게 하라."라고 했으니, 마음이 진실로 백성들을 사랑하면 비록 딱 들어맞지는 못하더라도 크게 벗어나지 않은 것이다. 왜냐하면 아이를 기르는 법을 먼저 배우고 나서 시집을 가는 사람은 없기 때문이다.

◎所謂治國必先齊其家者 其家不可敎 而能敎人者 無之 故君子不出家
소 위 치 국 필 선 제 기 가 자　기 가 불 가 교　이 능 교 인 자　무 지　고 군 자 불 출 가

而成敎於國 孝者 所以事君也 弟者 所以使長也 慈者 所以使衆也 康誥
이 성 교 어 국　효 자　소 이 사 군 야　제 자　소 이 사 장 야　자 자　소 이 사 중 야　강 고

曰 如保赤子 心誠求之 雖不中 不遠矣 未有學養子而后嫁者也
왈　여 보 적 자　심 성 구 지　수 부 중　불 원 의　미 유 학 양 자 이 후 가 자 야

모든 일에 경험이 많은 사람은 일을 잘 처리한다. 이치에 맞는 말이지만 모든 것에 적용되는 말은 아니다. 바로 《서경》〈강고〉편에

서 인용한 글을 보면 확실해진다. '갓난아이를 보살피는 것과 같게 하라.'는 말은 '병든 자를 보살피듯 하면 백성들이 잘못된 길에서 벗어나고, 어린아이를 보살피듯 하면 백성들이 모두 평안하게 다스려진다.'는 데에서 인용한 것이다.

갓 결혼한 새댁이 첫아이를 낳아서 기를 때는 모든 것이 낯설고 서툴다. 왜냐하면 결혼하기 전에 아이 기르는 법을 배우지는 않기 때문이다. 그러나 조금 서툴러도 그 지극 정성을 어디에 비하겠는가? 서툰 어머니가 직접 기르는 것이 능숙한 유모가 기르는 것보다 낫다는 것은 지극한 정성 때문이다.

겉으로 드러나는 모습이 아니라, 중심에 무엇을 담고 있느냐가 중요한 것이다. 육아법을 배우지 않은 어미라도 정성을 다해 기르면 아이가 잘 자라듯이, 정치학을 배우지 않았어도 정성을 갖고 정치를 하면 백성들의 삶을 향상시킬 수 있다.

세련되지 못해도 그 중심에 참된 마음이 담겨 있다면 꼭 맞아 떨어지지 않아도 이루고자 하는 일에서 벗어나지 않는다는 사실을 강조한 말이다.

한 집안이 어질면 한 나라가 어질게 되고, 한 집안이 겸양하게 되면 한 나라가 겸양으로 가득 차며, 한 사람이 탐욕스럽고 도리에 어긋나면 한 나라에 어지러움이 일어나게 된다. 모든 동기가 이와 같은 것이다. 이를 두고 '한 마디의 말이 일을 그르치고 한 사람이 나라를 안정시킨다.'고 하는 것이다.

요임금과 순임금이 천하를 어질게 다스리니 백성들이 그를 따라서 어질게 되었다. 걸(桀)과 주(紂)가 천하를 폭력으로 다스리니 백성들이 그를 따라서 포악하게 되었다. 명령하는 것이 자기(임금)가 좋아하는 것과 반대가 되면 백성들은 따르지 않는다. 그러므로 군자는 자기에게 있은 후에 남에게서 구하며 자기에게 없게 한 후에 남을 비난한다. 몸에 남을 이해하는 마음을 간직하지 않고서 남을 깨우칠 수 있는 사람은 없다. 그러므로 나라를 다스리는 것은 그 집안을 가지런하게 하는 데 있는 것이다.

◎ 一家仁 一國興仁 一家讓 一國興讓 一人貪戾 一國作亂 其機如此 此謂一
일가인 일국흥인 일가양 일국흥양 일인탐려 일국작란 기기여차 차위일

言僨事 一人定國 堯舜帥天下以仁 而民從之 桀紂帥天下以暴 而民從之
언분사 일인정국 요순수천하이인 이민종지 걸주수천하이폭 이민종지

其所令反其所好 而民不從 是故君子有諸己 而後求諸人 無諸己 而後非 諸
기소령반기소호 이민불종 시고군자유제기 이후구제인 무제기 이후비 제

人 所藏乎身不恕 而能喻諸人者 未之有也 故治國在齊其家
인 소장호신불서 이능유제인자 미지유야 고치국재제기가

나라를 다스리는 근본이 제가와 수신에 있음을 강조한 것이다. 국가의 지도자 한 집안에 인애(仁愛)의 덕이 넘치면 온 나라에도 인애의

덕이 일어나고, 한 집안에서 겸양의 덕이 넘치면 온 나라에 겸양의 덕이 일어나게 되어 나라가 저절로 잘 다스려지게 된다. 그러나 지도자 한 사람의 성품이 포악하고 탐욕스러우면 온 나라에 폭력과 부정이 만연하게 된다.

요순과 걸주를 통해 한 사람으로 말미암아 나라가 잘 다스려지기도 하고 어지러워지기도 한다는 사실을 보여 주었다. 요순은 스스로 어진 덕을 닦고, 그 자세로 백성들을 다스렸기 때문에 백성들이 이를 본받아서 어질게 되었다. 그러나 걸주와 같은 폭군이 정치를 하자 백성들도 포악하게 되었다.

만일 요순과 같은 어진 임금이 백성들에게 포악한 짓을 하라고 명령을 해도 백성들은 따르지 않을 것이다. 더구나 걸주와 같은 폭군이 백성들에게 선한 행동을 하도록 명령했더라면 결코 그 명령을 따르지 않았을 것이다.

그러므로 군자는 선한 일이라면 자신이 먼저 이룩한 다음에 남들에게 권하며, 악한 일이라면 자신이 먼저 없앤 다음에 남의 악함을 비판한다. 그만큼 지도자의 도덕성이 중요하다는 것이다. 임금 하나가 어떤 인품의 소유자인가에 따라서 나라의 운명이 결정되었던 왕정 시대에는 말할 것도 없고, 오늘날에도 그 영향력은 대단하다고 할 수 있다.

《시경》에 "복숭아꽃의 어여쁨이여, 그 잎이 무성하구나. 시집가는 아가씨여, 그 집안을 화목케 하라."라고 하였으니, 그 집안을 화목하게 한 뒤에 백성들을 가르칠 수 있다는 말이다.

《시경》에서 "형제가 서로 화목하구나."라고 하였으니, 먼저 형제간에 화목해야 그 뒤에 백성들을 가르칠 수 있다는 말이다.

《시경》에서 "그 말과 행동이 어긋나지 않으니 천하가 본받겠네."라고 하였다. 그가 부모와 자식으로서, 또 형과 동생으로서 본받을 만하게 된 뒤에야 백성들이 그를 본받기 때문이다. 이를 두고 나라를 다스리려면 먼저 자기 집안을 바르게 해야 한다고 한 것이다.

◎詩云 桃之夭夭 其葉蓁蓁 之子于歸 宜其家人 宜其家人 而后可以敎
시 운 도 지 요 요 기 엽 진 진 지 자 우 귀 의 기 가 인 의 기 가 인 이 후 가 이 교

國人 詩云 宜兄宜弟 宜兄宜弟 而后可以敎國人 詩云 其儀不忒 正是
국 인 시 운 의 형 의 제 의 형 의 제 이 후 가 이 교 국 인 시 운 기 의 불 특 정 시

四國 其爲父子兄弟足法 而后民法之也 此謂治國在齊其家
사 국 기 위 부 자 형 제 족 법 이 후 민 법 지 야 차 위 치 국 재 제 기 가

《시경》의 〈강고〉편 도요(桃夭)에서 인용한 시를 살펴보자.

싱싱한 복숭아나무
꽃이 활짝 피었구나.
시집가는 아가씨여, 그 집안을 화목케 하라.

싱싱한 복숭아나무

열매가 탐스럽구나.

시집가는 아가씨여, 그 집안을 화목케 하라.

싱싱한 복숭아나무

잎사귀가 무성하구나.

시집가는 아가씨여, 그 집안을 화목케 하라.

활짝 핀 복사꽃으로 시작하여 탐스럽게 열린 열매와 무성한 잎사귀로 흥을 돋우면서 아리따운 아가씨의 결혼을 축복하는 노래다. 시집가는 처녀의 집 뜰에 사람들이 모여 흥겹게 놀면서 앞날을 축복해주는 모습이 눈앞에 그려진다.

다른 집안으로 시집가서, 그들과 화합하며 화목하게 사는 일은 그리 쉽지 않다. 그러나 집안 구성원으로 제 역할을 훌륭하게 해낸다면 다른 식구들도 감동할 것이며, 온 집안이 화목해질 것이다.

또《시경》의 시를 인용했는데, 그 내용을 보면 이렇다.

길게 자란 다북쑥에 이슬이 함초롬히 내렸구나.

우리 님을 만나 보니 즐겁고 맘이 놓이네.

형제가 우애 있으니 아름다운 덕은 오래가고 즐겁구나.

뻐꾸기는 뽕나무에

새끼는 대추나무에

훌륭하신 군자여! 말과 행동이 어긋나지 않는구나.

말과 행동이 어긋나지 않으니 온 세상이 본받겠네.

　가족과의 화목, 형제간의 우애, 군자다운 한결같은 말과 행동이 모범이 되어야 비로소 백성과 나라를 잘 다스릴 수 있는 것이다. 그 집안의 구성원이 되어 그 역할을 훌륭하게 해내면 다른 사람도 바르게 이끌 수 있다. 가정에서 부모 자식과 형제의 역할을 제대로 한 뒤에야 비로소 나라를 제대로 다스릴 수 있음을 강조한 것이다.

11. 나라를 다스리고 천하를 태평하게

　천하를 평안하게 하는 것이 그 나라를 다스리는 데 있다는 것은, 윗사람이 집안 어른을 잘 섬기면 백성들이 효도하는 마음을 갖게 되고, 윗사람이 나이 드신 분들을 잘 대접하면 백성들은 공손해지고, 윗사람이 외로운 사람을 불쌍하게 여기면 백성들도 저절로 그렇게 본받을 것이라는 말이다. 그러므로 군자는 '자신의 마음을 척도로 하여 남의 마음을 헤아리는 도리[혈구지도(絜矩之道)]'를 지닌 사람이다.

윗사람에게 싫다고 느낀 것을 가지고 아랫사람에게 시키지 말며, 아
랫사람에게서 싫다고 느낀 것을 가지고 윗사람을 섬기지 말라. 앞
사람에게서 싫다고 느낀 것을 뒷사람에게 하지 말며, 뒷사람에게서
싫다고 느낀 것을 가지고 앞사람을 따르지 말라. 오른쪽 사람에게
싫다고 느낀 것을 가지고 왼쪽 사람을 대하지 말며, 왼쪽 사람에게
싫다고 느낀 것을 오른쪽 사람에게 건네지 말라. 이것을 '혈구지도'
라 한다.

◎所謂平天下在治其國者 上老老而民興孝 上長長而民興弟 上恤孤而
　소 위 평 천 하 재 치 기 국 자　상 로 로 이 민 흥 효　상 장 장 이 민 흥 제　상 휼 고 이

　民不倍 是以君子有絜矩之道也 所惡於上 毋以使下 所惡於下 毋以
　민 불 배　시 이 군 자 유 혈 구 지 도 야　소 오 어 상　무 이 사 하　소 오 어 하　무 이

　事上 所惡於前 毋以先後 所惡於後 毋以從前 所惡於右 毋以交於左
　사 상　소 오 어 전　무 이 선 후　소 오 어 후　무 이 종 전　소 오 어 우　무 이 교 어 좌

　所惡於左 毋以交於右 此之謂絜矩之道
　소 오 어 좌　무 이 교 어 우　차 지 위 혈 구 지 도

'혈구지도(絜矩之道)'는 《대학》에서 가장 중요한 개념 가운데 하
나다. 혈(絜)은 헤아린다는 뜻이고, 구(矩)는 잣대를 말하는 것이다.
이는 재단사와 목수들이 쓰는 곡척(曲尺)과 비슷한 것인데, 내 마음을
자로 삼아 남의 처지를 헤아린다는 뜻이다. 즉, 내 마음을 미루어 다
른 사람의 마음도 헤아린다는 '서(恕)'와 같은 뜻이다.

가정에서 부모가 자기 부모, 즉 할머니나 할아버지를 잘 섬기지 않으면 자식이 무엇을 보고 자라겠는가? 자신은 불효를 하면서 자식에게 효도를 바랄 수는 없다. 자기는 부모를 모시지 않으면서 결혼한 제 자식과 며느리가 함께 살아 주기를 원한다면 얼마나 뻔뻔한 일인가? 또는 직장에서 윗사람에게는 온갖 아부를 다하면서 아랫사람에게는 심하게 대하는 사람들도 있다.

나에게 좋은 것은 남에게도 좋고 나에게 싫은 것은 남에게도 싫은 것이다. 이러한 도리가 지켜지지 않는다면 가정도 올바르게 유지될 수 없을 것이다. 그런데 하물며 국가는 말해야 무엇하겠냐는 것이다.

《시경》에 "즐거운 군자여, 백성의 부모로다."라고 하니, 백성이 좋아하는 것을 좋아하고 백성이 싫어하는 것을 싫어하므로, 이를 백성의 부모라고 하는 것이다.

《시경》에서 "깎아지른 듯한 저 남산이여, 바위가 첩첩이 쌓였구나. 위풍당당한 태사(太師) 윤씨여, 백성들이 모두 너를 바라본다."라고 하였다. 국가를 가진 사람은 삼가지 않을 수 없으니, 치우치면 천하 백성들에게 죽임을 당할 것이다!

◎詩云 樂只君子 民之父母 民之所好好之 民之所惡惡之 此之謂民之
시운 낙지군자 민지부모 민지소호호지 민지소오오지 차지위민지

父母 詩云 節彼南山 維石巖巖 赫赫師尹 民具爾瞻 有國者不可以不
부모 시운 절피남산 유석암암 혁혁사윤 민구이첨 유국자불가이불

愼 辟則爲天下僇矣
신 벽즉위천하륙의

　두 개의 시를 인용해서 서로 상반된 경우를 말하고 있다. 군자가
백성을 보살피되, 백성이 좋아하는 것을 좋아하고 백성이 싫어하는
것을 싫어하며 백성을 자식처럼 보살피고 백성은 그를 부모처럼 여
기니, 이것은 혈구지도가 제대로 실현된 모습이다. 반면에 윗사람이
혈구지도를 제대로 실행하지 못할 경우, 그 몸은 죽임을 당하고 나라
는 망하게 됨을 경고한 것이다.

　이 글에 나오는 '사윤(師尹)'을 관직으로 보느냐, 윤씨 성을 가진 인
물로 보느냐에 따라 해석이 달라질 수 있다. 보통 인물로 보는 의견
이 많다. 그래서 이 시는 주나라 유왕(幽王) 때 권력을 쥐고 흔든 태사
윤씨를 원망하여 부른 시라고 한다. '깎아지른 듯한 저 남산이여, 바
위가 첩첩이 쌓였구나. 위풍당당한 태사 윤씨여, 백성들이 모두 너를
바라본다.'라는 말은 으리으리한 권세를 표현한 것이다. 즉, 백성들
이 존경의 마음으로 바라보는 것이 아니라, 두려움과 원망의 눈으로
본다는 것이다.

　나라를 다스리는 사람은 항상 신중한 자세로 백성들에게 귀를 기
울여야 한다. 그렇지 못하면 자신은 물론 백성의 생활까지 어려움에

빠진다는 것을 명심해야 한다.

주자는 임금이라면 혈구지도를 지니는 데에 그치지 말고, 백성들에게 그것을 실천할 수 있는 방안도 함께 가져야 한다고 주장했다. 주자는 "착한 본성만을 일어나게 하고 그 선한 마음을 실천하게 해주지 못한다면 헛된 일이다. 정치가 엉망이고 세금 부담이 커서 부모와 처자식을 제대로 부양하지 못한다면 어떻게 착한 마음을 실천에 옮길 수 있겠는가? 적어도 임금이 자기의 마음을 미루어 백성들에게 미치게 하고 그들로 하여금 부모와 처자식을 부양하기에 충분하게 해야 비로소 목적을 달성할 수 있을 것이다."라고 하였다.

《시경》에 "은나라가 민심을 잃지 않았을 때는 그 덕이 하느님과도 같았다. 그러므로 마땅히 은나라를 거울삼아야 한다. 참으로 하늘의 큰 명령은 지키기 쉽지 않다."라고 하였다. 백성을 얻으면 나라를 얻고, 백성을 잃으면 나라를 잃음을 말한 것이다. 그러므로 군자는 먼저 덕을 소홀하게 여기지 말아야 한다. 덕이 있으면 사람이 있을 것이고, 사람이 있으면 땅이 있을 것이며, 땅이 있으면 재물이 있을 것이고, 재물이 있으면 쓰임이 있을 것이다.

덕은 나라를 세우는 근본이며 재물은 말단이다. 덕을 가볍게 여기고 재물을 중요하게 여기면 백성들은 이익을 다투게 되고, 약탈을 배우게 될 것이다. 그 때문에 백성들의 재물을 모아 국고에 쌓아 두면 백성들은 삶이 힘들어 사방으로 흩어질 것이고, 나라의 재물을 골고루 흩어 놓으면 백성들이 저절로 모일 것이다. 그러므로 이치에 맞지 않는 말로 남을 대하면 이치에 맞지 않는 말로 돌아올 것이며, 약탈하여 재물을 모으면 마찬가지로 남에게 약탈을 당하게 될 것이다.

◎詩云 殷之未喪師 克配上帝 儀監于殷 峻命不易 道得衆則得國 失衆
시 운 은지미상사 극배상제 의감우은 준명불이 도득중즉득국 실중

則失國 是故君子先愼乎德 有德此有人 有人此有土 有土此有財 有財
즉실국 시고군자선신호덕 유덕차유인 유인차유토 유토차유재 유재

此有用 德者 本也 財者 末也 外本內末 爭民施奪 是故財聚則民散 財散
차유용 덕자 본야 재자 말야 외본내말 쟁민시탈 시고재취즉민산 재산

則民聚 是故言悖而出者 亦悖而入 貨悖而入者 亦悖而出
즉민취 시고언패이출자 역패이입 화패이입자 역패이출

흔히 태평성대를 빗대어 '요순 시대'라고 한다. 반면에 혼란한 시대를 '걸주 시대'라고 한다. 걸은 하(夏)나라의 임금인데 성품이 포악하고 탐욕이 많은데다가 잔혹했다고 한다. 힘은 굽은 쇠붙이를 펼 정도였으며, 백성들에게 세금을 심하게 거두어들여 방탕한 생활을 누렸다. 술로 만든 연못에 배를 띄울 정도였고, 쌓인 술지게미(술을 짜고 남은 찌꺼기)에 올라가면 사방을 내려다볼 수 있을 정도였다고 한다. 결국에는 은나라 탕왕에 의해 죽임을 당하고 하나라는 멸망하고 말았다.

주는 은나라의 임금인데, 걸과 쌍벽을 이루는 폭군으로 알려져 있다. 게다가 맹수를 맨손으로 잡을 만큼 힘이 세었다고 한다. 또한 교활하여 자신의 잘못을 능숙하게 감췄다고 한다. 역시 술과 향락에 빠져 나라를 돌보지 않았다.

그의 숙부이자 어진 신하였던 비간(比干)이 옳은 소리를 하자, 그는 "내 들으니 성인에게는 심장에 일곱 개의 구멍이 있다고 하더라."라고 하면서 그의 가슴을 가르고 심장을 꺼냈다고 한다. 이렇게 잔혹한 주는 주나라 무왕의 공격을 받아서 은나라가 망하게 되자, 불 속에 뛰어들어 죽었다고 한다.

위에 인용한 시는 은나라의 폭군이었던 주가 민심을 잃어 하늘이 내린 명령을 지킬 수 없었음을 노래한 것이다. 은나라가 정치를 잘할 때는 민심을 얻어, 하늘의 임금인 상제(上帝)와 대응해서 땅에는 은왕(殷王)이 있다고 말할 수 있었다. 그러나 주가 폭정으로 민심을 잃었기 때문에 하늘도 돕지 않아서 멸망하게 된 것이다. 민심이 곧 천심, 천명이기 때문이다.

이 시는 백성을 얻으면 나라를 얻고 백성을 잃으면 나라를 잃게 되니, 나라를 지키려면 백성들과 뜻이 하나가 되어 백성의 마음을 얻어야 함을 강조한 것이다.

임금이 먼저 힘써서 덕성을 갖추면 백성이 따르게 되며, 백성들이 따르게 되면 경작하는 땅이 나라 안에 가득 차게 되고, 경작지가 많으면 백성들의 생활과 국가 경영이 안정된다. 그래서 윗사람은 명덕을 근본으로 삼고 재물을 말단으로 삼아야 한다고 말한 것이다.

물질적 재화가 많으면 우리의 삶은 분명 풍요롭게 되지만, 그것은 언제나 도덕적 기반 위에서 이루어져야 한다. 그러지 못했을 경우 어떻게 되는지는 오늘날을 돌아봐도 잘 알 수 있을 것이다.

〈강고〉에서 "천명은 일정한 곳에 있지 아니하다."라고 하였다. 착하면 천명을 얻고 착하지 않으면 천명을 잃게 된다. 〈초서〉에서 "초(楚)나라는 보배로 삼을 다른 것이 없고, 오직 착한 사람을 보배로 삼는다."라고 하였다.

구범(舅犯)이 말하길, "망명한 사람은 보배로 삼을 다른 것이 없고, 어버이를 사랑하는 것으로 보배를 삼는다."라고 하였다.

◎康誥曰 惟命不于常 道善則得之 不善則失之矣 楚書曰 楚國無以爲
　강고왈　유명불우상　도선즉득지　불선즉실지의　초서왈　초국무이위

寶 惟善以爲寶 舅犯曰 亡人無以爲寶 仁親以爲寶
보　유선이위보　구범왈　망인무이위보　인친이위보

'천명'이라는 것은 결국 백성들의 뜻이다. 백성들이 무엇을 원하는지를 제대로 알고 그대로 따른다면 정치는 성공할 것이다. 천명은 따

로 주어지는 것이 아니다. 백성을 존중하고 자기 자신을 항상 낮추어 겸손하면 천명은 저절로 주어질 것이다. 그런데 이를 실천하는 사람이 적으니 문제다.

《국어(國語)》〈초어(楚語)〉편 하(下)에서 인용한 글이 매우 인상적이다. 조간자(趙簡子)라는 사람이 백형(白珩)이라는 옥으로 된 장신구를 자랑하면서 초나라의 대부인 왕손어(王孫圉)에게 초나라에는 어떤 보물이 있냐고 물었다. 이에 왕손어가 말하기를 "우리 초나라는 금과 옥을 보배로 여기지 않고 어진 신하를 보배로 여긴다."라고 하였다. 이 역시 재물이 근본이 아니라 덕이 근본임을 강조한 것이다.

그리고 구범의 이야기를 살펴보자. 구범은 성이 호(狐)이고, 이름은 언(偃)이다. 오랫동안 망명 생활을 하다가 아버지인 진나라 헌공(獻公)의 뒤를 이어서 왕위에 오른 문공(文公, 문왕)과 고생을 같이한 인물이다. 자가 자범(子犯)이고, 문공의 외삼촌이기에 구범, 즉 외삼촌인 범이라고 하였다.

문공이 헌공의 핍박으로 망명 생활을 하고 있을 때의 일이다. 헌공이 죽자 진나라의 목공(穆公)이 이 기회에 귀국하여 왕위를 차지하라고 권유했는데, 구범이 문공에게 이러한 말로 거절하도록 했다. "자기 나라에서 도망쳐 망명한 처지이지만, 부귀를 얻는 것을 보배라고 생각하지 않습니다. 다만 부모에게 효도를 다하는 것만이 보배라고 생각합니다." 구범은 문공에게 아버지 상을 기회로 권력을 잡는 것보다 자식 된 도리로 상례(喪禮, 상중에 지키는 모든 예절)를 정성스럽게 치르는 일이 먼저임을 일러 준 것이다.

중요한 것은 비싼 보물이 아니라 어진 사람이며, 왕위가 아니라 아버지의 죽음을 슬퍼하는 마음이다. 세속적인 명예나 물질적 이익 같은 것은 보배로 삼을 수 없는 말단에 지나지 않는다는 것을 설명하고 있다.

〈진서(秦誓)〉에 "어떤 신하가 있는데, 다른 재주는 없으나 마음이 너그러우면 남을 받아들일 수 있는 사람이다. 남이 지닌 재주를 마치 자신이 가진 것처럼 좋아하고, 다른 사람의 빼어나고 훌륭한 점을 마음으로 기뻐하되 이를 자기 입으로 말하는 것에 그치지 않고 진실로 포용한다면, 우리 자손과 백성을 지킬 수 있으니 나라를 이롭게 할 것이다.

그러나 반대로 남의 재주를 시기하고 미워하며, 다른 사람의 빼어나고 훌륭한 점을 막아 펼치지 못하게 하면, 이는 남을 인정하지 못하는 것이다. 그러면 나의 자손과 백성을 지키지 못할 것이니, 이것은 나라를 위태롭게 하는 것이다."라고 하였다.

오직 어진 사람만이 이런 자를 사방의 오랑캐 지방으로 내쫓아서 중원에서 함께 살지 못하게 할 수 있을 것이다. 이는 오직 어진 사람이

어야 남을 사랑할 수도 있고, 남을 미워할 수도 있다는 말이다. 어진 사람을 보고도 등용하지 못하거나, 등용하되 먼저 하지 못하는 것은 게으른 것이요, 착하지 않은 사람을 보고도 물리치지 못하거나, 물리치되 멀리하지 못하는 것은 잘못된 것이다.

남이 싫어하는 것을 좋아하며, 남이 좋아하는 것을 싫어하는 것은 사람의 성품을 거스르는 것이니, 재앙이 반드시 그 몸에 미친다. 그러므로 군자는 지켜야 할 큰 도리가 있으니, 반드시 충성과 믿음으로써 그 도리를 얻고, 교만함과 방자함으로써 그 도리를 잃게 된다.

◎秦誓曰 若有一憾臣 斷斷兮 無他技 其心休休焉 其如有容焉 人之有
　진서왈　약유일개신　단단혜　무타기　기심휴휴언　기여유용언　인지유

技 若己有之 人之彦聖 其心好之 不啻若自其口出 寔能容之 以能保
기　약기유지　인지언성　기심호지　불시약자기구출　식능용지　이능보

我子孫黎民 尚亦有利哉 人之有技 媢疾以惡之 人之彦聖 而違之俾
아 자 손 려 민　상역유리재　인지유기　모질이오지　인지언성　이위지비

不通 寔不能容 以不能保我子孫黎民 亦曰殆哉 唯仁人放流之 迸諸四
불통　식불능용　이불능보아자손려민　역왈태재　유인인방류지　병제사

夷 不與同中國 此謂唯仁人爲能愛人 能惡人 見賢而不能擧 擧而不
이　불여동중국　차위유인인위능애인　능오인　견현이불능거　거이불

能先 命也 見不善而不能退 退而不能遠 過也 好人之所惡 惡人之所
능선　명야　견불선이불능퇴　퇴이불능원　과야　호인지소오　오인지소

好 是謂拂人之性 菑必逮夫身 是故君子有大道 必忠信以得之 驕泰
호　시위불인지성　재필체부신　시고군자유대도　필충신이득지　교태

以失之
이실지

사람이 재주는 있으나 덕이 없으면 남을 포용하기가 어렵다. 왜냐하면 남의 허물을 들추어 낼 줄만 알고 덮어 주지는 못하기 때문이다. 한 집안의 부모도 마찬가지다. 부모가 자녀를 대할 때 조목조목 따지며 다가서면 자녀는 궁지에 몰리게 된다. 좀 빈틈이 있어야 자녀도 숨을 쉬고 살 것이 아니겠는가?

사람들은 사랑하고 미워하는 방법을 잘 몰라서 큰 문제를 일으킨다. 공자는 "오직 어진 사람만이 남을 제대로 사랑하고 미워할 수 있다."고 하였다.

어진 사람을 보고도 등용하지 못하는 것은 질투심 때문이다. 악한 사람을 보고도 물리치지 못하는 것은 그 악을 함께할 수도 있기 때문에 물리치지 못하는 것이다. 악한 사람은 자기 이익만 추구하고 남과 더불어 살아가기를 거부한다.

여기서는 《서경》〈진서〉편의 글을 인용해서 남의 재주에 대해 질투를 느끼는 사람과 마음이 너그러워 남의 재주를 칭찬하는 사람을 대비시켜, 좋아해야 할 인간형과 미워해야 할 인간형을 제시한 것이다. 또한 윗자리에 있는 사람은 무엇보다도 남을 먼저 고려하는 혈구지도를 중시해야 한다는 점을 지적하고 있다.

재물을 생기게 하는 데는 큰 방법이 있다. 생산하는 사람은 많고 먹는 사람은 적으며, 만드는 것은 빠르게 하고 쓰는 것은 천천히 하면 재물이 항상 풍족할 것이다. 어진 임금은 재물을 이용해서 백성들의 삶을 풍요롭게 하고, 어질지 못한 임금은 덕을 버리고 자기의 재물을 늘린다.

윗사람이 인(仁)을 좋아하는데 아랫사람이 의(義)를 좋아하지 않는 경우는 없으며, 의를 좋아하는 사람이 자기 일에 책임을 다하지 않는 일은 없으니, 모든 창고의 재물이 곧 임금의 것이 아니 될 리 없다.

◎生財有大道 生之者衆 食之者寡 爲之者疾 用之者舒 則財恒足矣 仁
생 재 유 대 도 생 지 자 중 식 지 자 과 위 지 자 질 용 지 자 서 즉 재 항 족 의 인

者以財發身 不仁者以身發財 未有上好仁 而下不好義者也 未有好義
자 이 재 발 신 불 인 자 이 신 발 재 미 유 상 호 인 이 하 불 호 의 자 야 미 유 호 의

其事不終者也 未有府庫財 非其財者也
기 사 부 종 자 야 미 유 부 고 재 비 기 재 자 야

여기서 재물은 나라에서 생산하는 모든 생산물이 아니라, 세금의 대상이 되는 생활필수품을 말하는 것이다. 나라를 다스리는 큰 원리를 제시한 내용이다. 나라를 다스리기 위해서 재물을 생산하고, 백성의 생활을 풍족하게 하기 위해서는 몇 가지 지켜야 할 방법이 있다.

먼저 하는 일 없이 놀고먹는 사람들을 가능하면 일하도록 만들고, 관리자는 그 수를 적게 해서 급여를 줄이도록 해야 한다. 또한 농번기에는 큰 규모의 토목 공사를 벌이지 않도록 하여 백성들이 생계를

유지할 수 있도록 해야 한다. 그 다음은 연간 수입과 지출의 양이나 그 시기 등에 대해 충분하고도 합리적인 계획을 세워야 한다. 그래야만 쓸데없는 지출을 막아서 백성들이 궁핍해지는 일이 없어진다.

평소에 이러한 계획을 잘 세워서 나라를 다스린다면 예상치 못한 재난에도 적극적으로 대비할 수 있을 것이고, 또한 나라도 굳건하게 설 것이다.

나라를 다스리는 사람들이 자기 이익만을 추구하고 국민들의 생활을 살피지 않는다면 나라 전체가 위태롭게 된다. '어진 임금은 재물을 이용해서 백성들의 삶을 풍요롭게 하고, 어질지 못한 임금은 덕을 버리고 자기의 재물을 늘린다.'라는 문장을 눈여겨볼 필요가 있다. 어진 임금은 재물을 적절하게 사용해서 백성들이 풍족한 생활을 누리게 하여, 자신의 지위를 더욱 확고하게 만든다. 그러나 어질지 못한 임금은 자신의 이익만 챙기다가 마침내 그 재물이 화를 불러와 나라를 잃고 목숨까지 잃게 되는 것이다. 따라서 그 해로움을 지적해서 경계한 것이다.

맹헌자(孟獻子)가 말했다. "수레를 끄는 네 마리의 말을 기르는 사람은 닭과 돼지를 기르지 않으며, 얼음을 쓰는 집안에서는 소와 양을 기르지 않으며, 백 대의 수레를 가진 집안은 세금을 거두는 신하를 기르지 않는데, 세금을 거두는 신하를 두기보다는 차라리 도적질하는 신하를 두는 것이 낫다." 이는 나라가 재물이 아닌 의로움으로써 이익을 삼아야 함을 말하는 것이다.

나라의 임금이 재물을 모으는 데에 힘쓰면 반드시 소인을 등용할 것이다. 소인은 재물 거두는 일을 좋아하기에, 이들에게 나라를 맡기면 반드시 화가 함께 닥칠 것이다. 이때에는 비록 착한 사람이 있다 하더라도 백성들의 원망을 막을 수 없다. 이는 나라가 재물을 이익으로 삼지 않고 의로움을 이익으로 삼아야 함을 말하는 것이다.

◎孟獻子曰 畜馬乘 不察於雞豚 伐冰之家 不畜牛羊 百乘之家 不畜聚
　맹헌자왈　축마승　불찰어계돈　벌빙지가　불축우양　백승지가　불축취

斂之臣 與其有聚斂之臣 寧有盜臣 此謂國不以利爲利 以義爲利也
렴지신　여기유취렴지신　영유도신　차위국불이리위리　이의위리야

長國家而務財用者 必自小人矣 小人之使爲國家 菑害竝至 雖有善者
장국가이무재용자　필자소인의　소인지사위국가　재해병지　수유선자

亦無如之何矣 此謂國不以利爲利 以義爲利也
역무여지하의　차위국불이리위리　이의위리야

맹헌자는 노(魯)나라의 대부다. 높은 벼슬자리에 있으면서도 항상 스스로를 낮추어 겸손했으며, 어진 사람을 존경하여 뛰어난 선비들이 주변에 많이 모여들어 노나라의 국정을 훌륭하게 다스렸다고 한다.

이 글에서 '수레를 끄는 네 마리의 말을 기르는 사람'이란 벼슬자리에 있는 사람을 가리킨다. 사(士) 이상의 신분인 사람만이 네 마리의

말이 끄는 수레를 가질 수 있었기 때문이다. 제사나 장례 때에 얼음을 쓸 수 있는 집안도 대부나 경(卿) 이상의 벼슬에 있는 사람들뿐이었다. 그리고 말 네 마리가 끄는 수레를 백 대 정도 가질 수 있는 벼슬은 경이나 제후를 말하는 것이다.

가축을 길러서 이익을 얻는 백성들은 이미 세금을 냈다. 신하가 되어 임금에게서 녹봉을 받는다는 것은 백성들의 세금으로 생계를 유지한다는 것이다. 그런데 그러한 자들이 백성들과 이익을 다툰다는 것은 그야말로 파렴치한 행동이다. 더구나 백성들을 착취하는 신하를 두느니 차라리 제 주인집 재산을 훔치는 자를 두는 것이 낫다고 하였다.

군자는 자기 재산을 잃더라도 백성들의 재산을 탐내서는 안 된다. 노나라의 재상인 공의휴(公儀休)가 자기 밭의 아욱을 뽑아 버리고 자기 집의 베 짜는 여자를 내보낸 것은, 자칫하면 이것들로 생계를 꾸려 가는 주변 백성들에게 손해를 끼칠까 염려하는 마음 때문이었던 것이다.

또한 공자는 장문중(藏文仲)이라는 사람이 그의 첩에게 돗자리를 짜게 한 것은 백성들과 이익을 다투게 한 것이므로 어질지 못한 일이라고 지적한 적이 있다. 높은 지위에 있는 사람이 재물에 눈이 어두워 백성들의 생활을 궁핍하게 하는 것은 도적질과 다름 없음을 지적한 예라고 할 수 있다.

전한(前漢) 때의 학자인 동중서(董仲舒)는 "하늘을 나는 짐승들에게는 다리를 두 개만 주었다."라고 하였다. 이리저리 창공을 날아다니며 먹이를 구하는 날짐승에게 두 손까지 있다면 다른 짐승들은 먹이를 구하지 못해 아마도 난리가 날 것이다. 이 모두 혈구지도의 원리와 그 뜻이 서로 통하는 것이다.

중용 – 훌륭한 도리

군자의 모든 행위는 중용의 도리에 꼭 들어맞고, 소인의 행위는 모두 중용의 도리에 어긋난다. 군자가 중용에 들어맞는 것은 항상 모든 일을 도리에 맞게 하여 지나침과 모자람이 없기 때문이며, 소인이 중용에 어긋나는 것은 이 도리를 알지 못해 삼가고 두려워하는 마음 없이 제멋대로 행동하기 때문이다.

《중용》에 들어가면서

　《중용》도 《대학》과 마찬가지로 송나라 때에 불교나 도교에 대한 유학의 대응이 필요하다고 느끼면서 새롭게 연구된 책이다. 특히 유학이 일상의 윤리를 강조한 반면에 형이상학적 요소가 부족했던 까닭에 《중용》이 그 부분을 보완해 주는 데 큰 역할을 했다. 앞에서도 말했듯이 《대학》은 학문 전체를 통틀어서 말한 것이고, 《중용》은 만물의 근본 이치를 다룬 것이기 때문이다.

　《중용》은 1장에서 19장까지는 '중용(中庸)'에 대해서, 20장부터 33장까지는 '성(誠)'에 대해서 다루고 있다. 그런데 유학 사상의 근본 이치를 다룬 부분에는 쉽게 이해하기 어려운 내용이 많다. 그래서 흔히 《대학》·《논어》·《맹자》를 순서대로 읽은 다음에 비로소 읽기를 권장한다. 이 세 권의 책을 보고 나면 《중용》을 이해할 수 있는 기초가 마련되기 때문에, 이미 《중용》의 절반을 읽은 것과 마찬가지다.

　그래서 주자도 "《중용》을 읽을 때는 어렵다고 해서 다른 사람에게 자세히 물어보지 말고 대강 보고 넘어가야 할 것이며, 또 쉬운 것을 내버려 둔 채 어려운 것에 매달려서는 안 된다. 책에서 주로 이야기 하는 것은 어떤 구체적 모습이나 상황이 아니라 자연의 이치나 하늘의 바른 도리에 대한 것이 많으니, 먼저 글의 뜻부터 차분하게 이해하면 될 것이다."라고 권유한다. 그러면 주자의 〈중용장구서(中庸章句序)〉를 중심으로 《중용》을 어떻게 읽을 것인지에 대해 살펴보자.

이 책을 읽을 때는 먼저 큰 줄거리를 보고, 다시 여러 개의 단락을 읽는 것이 효과적이다. 예를 들면 "하늘이 사람에게 선천적으로 부여한 것을 성(性, 본성)이라 하고, 이 본성에 따라 일을 처리하고 행동하는 것을 도(道, 도리)라고 하며, 사람들로 하여금 이 도를 열심히 실천하게 하는 것을 교(敎, 가르침)라고 한다."는 내용이 큰 줄거리다. 그리고 "남이 한 번 배워서 알면 나는 백 번을 배우고, 남이 열 번 배워서 알면 나는 천 번을 익힌다. 이렇게 한다면 비록 어리석어도 반드시 밝아지며 비록 연약하더라도 반드시 강해진다."는 것이 한 단락이다.

이는 마치 사람이 집을 구경하는데, 먼저 전체의 규모를 보고, 다음에 구조가 어떻게 이루어졌는가를 살펴보아야 비로소 그 집을 완전하게 알 수 있는 것과 같다. 그렇게 하고서 마지막으로 살림 도구와 생활 방식을 살펴보듯이 실천 방안과 연관지어 이치를 되돌아보아야 한다.

《중용》은 처음에 한 가지 이치를 말하고, 중간에서 상세한 내용을 다루고 마지막에 다시 이치가 하나임을 강조하는 구조로 이루어져 있다. 특히 중간 부분은 분량이 많아서 조금 지루한 감이 있겠지만, 일단 가벼운 마음으로 읽고서 처음부터 거듭해서 읽으면 스스로 깨닫는 바가 있게 된다. 그러므로 《중용》은 거듭해서 읽어야 완전하게 이해할 수 있는 책이다.

1. 하늘의 명령

하늘이 사람에게 선천적으로 부여한 것을 본성[성(性)]이라 하고, 이 본성에 따라 일을 처리하고 행동하는 것을 도리[도(道)]라고 하며, 사람들로 하여금 이 도리를 끊임없이 실천하게 하는 것을 가르침[교(教)]이라고 한다.

도는 잠시라도 사람들의 일상생활과 떨어질 수 없는 것이다. 만약 사람들의 일상생활과 떨어질 수 있다면 올바른 도가 아니다.

그러므로 군자는 남이 안 보는 곳에서 더욱 삼가고, 남이 듣지 않는 곳에서도 언제나 두려운 마음을 갖는다. 어둡고 희미한 것보다 더 두드러진 것은 없으며, 세밀한 것보다 더 잘 나타나는 것도 없다. 그러므로 군자는 혼자 있을 때 더욱 삼가는 것이다.

희로애락(喜怒哀樂)의 감정이 드러나기 전을 중(中)이라 하고, 드러난 뒤에 모두 절도(節度)에 맞는 것을 화(和)라 한다. 중은 천하 만물의 큰 근본이고, 화는 천하 만물과 현상에 두루 통하는 도리다. 중화(中和)의 경지에 도달하면 천지가 제자리를 잡고 만물이 저절로 자라난다.

◎天命之謂性 率性之謂道 脩道之謂教 道也者 不可須臾離也 可離 非
　천명지위성　솔성지위도　수도지위교　도야자　불가수유리야　가리　비

　道也 是故 君子戒愼乎其所不睹 恐懼乎其所不聞 莫見乎隱 莫顯乎微
　도야　시고　군자계신호기소부도　공구호기소불문　막현호은　막현호미

故君子愼其獨也 喜怒哀樂之未發 謂之中 發而皆中節 謂之和 中也者
고 군 자 신 기 독 야　희 로 애 락 지 미 발　위 지 중　발 이 개 중 절　위 지 화　중 야 자

天下之大本也 和也者 天下之達道也 致中和 天地位焉 萬物育焉
천 하 지 대 본 야　화 야 자　천 하 지 달 도 야　치 중 화　천 지 위 언　만 물 육 언

　여기서 말하는 하늘은 자연의 푸른 하늘도 아니고, 종교에서 말하
는 절대 신도 아니다. 모든 만물을 그 자신의 이치대로 낳아서 기르
는 자연 현상, 또는 음양(陰陽)의 조화를 뜻한다. 이 자연 현상이 사람
과 사물에 부여한 것이 바로 본성이다. 모든 만물은 어떠한 모습을
지니고 있든지 그 나름의 이치를 가지고 있다. 마치 명령이 내려진
것처럼 말이다. 이것이 바로 본성인 것이다.

　그리고 주어진 본성대로 살아가는 것이 도리다. 사람과 만물의 생
성 과정이 자연의 이치에 따라서 평소의 생활 모습으로 나타나는데,
그 모습 그대로 행동하고 처신하는 각각의 길이 바로 도라는 것이다.

　도를 우리말로 표현하면 길이다. 모든 존재는 제각기 갈 길이
있다. 그 길대로 가야만 대자연의 원리대로 살아갈 수 있다. 그러나
이러한 이치를 제대로 깨닫지 못하는 경우가 많기 때문에 가르침이
필요하다. 특히 사람이 더욱 그러하다. 사람은 만물의 영장이다. 그
러나 영장이기에 특권을 행사하는 존재라는 뜻은 아니다. 도리어 지
켜야 할 의무가 더 많다. 그러기에 가르침이 필요하다.

　'수(修)'는 더러운 때를 닦아 내는 것과 잘못된 것을 고친다는 말

이다. 그래서 도를 닦는다는 것은 잘못된 것을 고친다는 뜻이 된다. 보통 사람들은 착한 본성을 타고났으면서도 그 이치를 잘 모르는 경우가 많다. 그러므로 이러한 이치를 깨닫고 올바른 길로 갈 수 있도록 가르침이 필요한 것이다.

도는 사람의 일상생활에서 항상 쓰이는 것으로, 모든 만물을 대할 때 마땅히 지켜야 할 도리다. 이는 하늘이 내려준 도덕적 가치이며, 마음의 잣대이기도 하다. 그런데 사람은 흔히 남이 보지 않거나 듣지 않으면 욕심을 갖기 쉽고 제멋대로 행동하기 쉽다. 하지만 세상에서 드러나지 않는 것은 없는 법이다. 그러므로 군자는 항상 삼가고 두려워하는 마음으로 모든 사물을 대해야 한다.

'희로애락(喜怒哀樂)'은 사람의 감정에서 나오는데, 사람의 감정이 외부 사물과 만나 표현되기 전에는 본성이라고 할 수 있다. 그런데 이 본성은 어느 한쪽으로 치우침이 없기에 '중(中)'이라고도 한다. 이러한 희로애락이 외부 사물과 만나 작용했을 때 절도에 맞게, 즉 사리에 어긋남이 없이 조절된 상태를 '화(和)'라고 한다.

인간에게 희로애락의 감정 자체는 문제가 되지 않는다. 기뻐할 때 기뻐할 줄 알고 슬퍼할 때 슬퍼할 줄 아는 것은 당연하다. 다만 그것이 모자라거나 지나칠 경우가 문제다. 그래서 군자는 감정을 드러내지 않는 것이 아니라 가장 알맞게 드러낼 수 있어야 한다. 그것이 중화에 이르는 길이다.

2. 군자의 중용과 소인의 중용

중니(공자)가 말했다. "군자의 모든 행위는 중용의 도리에 꼭 들어맞고, 소인의 행위는 모두 중용의 도리에 어긋난다. 군자가 중용에 들어맞는 것은 항상 모든 일을 도리에 맞게 하여 지나침과 모자람이 없기 때문이며, 소인이 중용에 어긋나는 것은 이 도리를 알지 못해 삼가고 두려워하는 마음 없이 제멋대로 행동하기 때문이다."

◎仲尼曰 君子中庸 小人反中庸 君子之中庸也 君子而時中 小人之 反中
　　중니왈　군자중용　소인반중용　군자지중용야　군자이시중　소인지　반중

庸也 小人而無忌憚也
용야　소인이무기탄야

중용이란 어느 한쪽으로 치우치지 않는, 즉 지나치거나 미치지 못하는 것이 없는 보편성을 지니는 이치다. 하늘의 명령에 따라 사람이 당연히 행해야 할, 사리에 가장 알맞는 상태라고 할 수 있다.

그래서 군자는 중용이 자신에게 있음을 알고 늘 중용에서 벗어나지 않으려고 조심한다. 그러나 소인은 자신이 중용을 가지고 있음을 알지 못하기에 모든 일에 거리낌 없이 행동하여 중용의 도리에서 어긋나는 것이다.

3. 중용의 지극함

공자가 한탄하며 말했다. "중용은 그 덕이 지극하구나! 그러나 중용
의 도리에 맞게 행동하는 백성이 드문 지 오래되었도다."

◎子曰 中庸其至矣乎 民鮮能久矣
　자 왈　중 용 기 지 의 호　민 선 능 구 의

중용은 결코 쉬운 것이 아니다. 조금이라도 지나쳐서는 안 되며,
조금만 모자라도 안 된다. 그래서 중용의 덕을 '지극한 것', 즉 '궁극
적인 덕'이라고 표현하기도 한다. 얻기도 힘들고 유지하기도 힘들기
때문이다.

그러나 중용도 사람이라면 누구나 타고난 것이기에 끊임없이 노력
한다면 전혀 불가능하지도 않다. 다만 공자는 그 당시의 백성들이 학
문에 소홀하고, 중용을 실천하지 못하는 상태가 너무 오랫동안 지속
되고 있음을 한탄한 것이다.

《논어》〈옹야(雍也)〉편에서도 이와 비슷한 표현을 볼 수 있다.

"누가 밖으로 나갈 때 방문을 지나가지 않을 수 있는가? 그런데
어째서 아무도 이 길을 가지 않는가?"

공자는 사람들이 당연히 가야 할 중용의 길을 가지 않는 것을 안타까워한 것이다.

4. 지나치거나 모자라거나

공자가 말했다. "중용의 도리를 실천하지 못하는 이유를 알겠다. 지혜로운 자는 너무 지나치고, 어리석은 자는 미치지 못해서 그런 것이다. 중용의 도리가 밝게 드러나지 못하는 이유도 알겠다. 어진 자는 지나치고 못난 자는 어찌할 바를 몰라서 그런 것이다. 이는 마치 모든 사람들이 음식을 먹지만, 그 음식 맛을 진정으로 아는 사람이 드문 것과 같은 이치다."

◎子曰 道之不行也 我知之矣 知者過之 愚者不及也 道之不明也 我知
　　자왈　도지불행야　아지지의　지자과지　우자불급야　도지불명야　아지

之矣 賢者過之 不肖者不及也 人莫不飲食也 鮮能知味也
지의　현자과지　불초자불급야　인막불음식야　선능지미야

중용의 도리라는 것은 지나침과 모자람이 없는 상태, 즉 가장 적절하고 적당한 상태라고 할 수 있다. 지나치거나 모자람이 있는 과불급(過不及)이 아닌 상태다. 그런데 지혜로운 사람은 지나침이라는 잘못

84

을 저지르고, 어리석은 사람은 모자람이라는 잘못을 저지르게 된다. 지혜로운 사람은 지나치게 인식의 문제에만 치우쳐서 실천을 가볍게 여기고, 어리석은 사람은 앎이 부족하기에 실천의 방법을 제대로 알지 못하고, 또 그것을 왜 실천해야 하는지도 알지 못한다. 중용의 도가 제대로 실현되지 못하는 이유가 바로 여기에 있는 것이다.

우리는 사람인 이상 먹고 마시지 않을 수 없다. 그러나 일상적인 습관에 매여서 그저 먹는 것일 뿐, 그 음식의 참맛을 알아서 먹는 것은 아니다. 그와 마찬가지로 사람인 이상 일상생활에서 걸어가야 할 중용의 길이 있는데, 그 길을 참으로 깨닫고 걸어가는 사람은 아주 적다. 사람으로서 걸어가야 할 길에 주의를 기울이지 않기 때문이다.

진리는 멀리 있는 것도 아니고, 아주 오래전이나 먼 미래에 있는 것도 아니다. 사람이 스스로 살피지 않기 때문에 제대로 찾지 못하는 것일 뿐이다. 바로 공자는 이러한 이유로 중용의 도리가 행해지지 않음을 한탄한 것이다.

5. 공자의 걱정

공자가 또 한탄하며 말했다. "정녕 중용의 도는 세상에서 제대로 실현될 수 없단 말인가!"

◎子曰 道其不行矣夫
　자 왈　도 기 불 행 의 부

성인의 안타까움과 한탄이 서려 있는 표현이다. 중용의 도는 모든
사람에게 있는 것이다. 그러므로 그것을 실현하느냐 못하느냐는 사
람들의 노력에 달려 있다.

중용의 도는 존재하는 것만으로 가치가 있는 것이 아니라, 드러나
서 제대로 실현될 때 참다운 가치를 지니는 것이다. 공자는 이러한
점에서 한숨을 내쉬며 걱정을 한 것이다.

중용의 도가 우리에게서 멀리 있는 것이 아님에도, 또한 한순간이
라도 떠나서 살 수 없는 것임에도 사람들의 관심에서 멀어지고 있다
는 것이 문제다.

6. 큰 지혜

공자가 말했다. "순임금은 크게 지혜로운 자다! 순은 묻기를 좋아
하고 평범한 말을 살피기 좋아하며, 악을 숨기고 선을 드러내며, 그
선과 악의 양쪽 끝을 붙잡아 백성들에게 그 가운데를 쓰니, 이것이
바로 순임금이 된 까닭이다!"

◎子曰 舜其大知也與 舜好問而好察邇言 隱惡而揚善 執其兩端 用其
자왈 순기대지야여 순호문이호찰이언 은악이양선 집기양단 용기

中於民 其斯以爲舜乎
중어민 기사이위순호

나라의 왕이 되어 아무에게나 묻기를 좋아하고, 허튼소리라도 그냥 흘려보내지 않고 그 말의 뜻을 살피기는 결코 쉽지 않다. 또한 남의 결점을 감추고 좋은 점을 드러내어 칭찬하는 것도 마찬가지다. 그럼에도 순임금은 모든 일에서 항상 양쪽의 의견을 듣고 좋은 의견을 골라내는 일을 제대로 했다는 것이다.

순임금은 천자의 자리에 있었는데도, 모르는 것이 있으면 묻기를 주저하지 않았고, 소홀하게 여길 수 있는 말도 성실하게 듣고 그 안에서 진리를 찾으려고 애썼다고 한다. 그리고 한쪽으로 치우치기 쉬운 백성들의 여론을 잘 절충하여 중용의 도를 찾아 백성들을 다스리려 했다고 한다.

이는 항상 과불급이 없는 중용을 지키려고 노력했기에 가능했던 일이다. 그래서 공자는 순임금을 평가하면서 크게 지혜롭다고 하였다. 선악을 제대로 파악하고 항상 치우치지 않게 중용을 지키려 한 점과 악을 멀리하되 지나치게 들추지 않으면서 선으로 나아갈 수 있도록 이끌었다는 것이 보통 사람의 지혜와 구별되는 것이다.

7. 지혜와 중용

공자가 말했다. "사람들은 다 '나는 지혜롭다.'라고 말하지만, 그물이나 덫이나 함정에 몰아넣어도 피할 줄을 모른다. 사람들은 모두 '나는 지혜롭다.'라고 말하지만, 중용을 택해서 한 달도 지키지 못하였다."

◎子曰 人皆曰予知 驅而納諸罟擭陷阱之中而莫之知辟也 人皆曰 予知
　자 왈　인 개 왈 여 지　구 이 납 제 고 확 함 정 지 중 이 막 지 지 피 야　인 개 왈　여 지

擇乎中庸而不能期月守也
택 호 중 용 이 불 능 기 월 수 야

스스로 지혜롭다고 하면서 중용에 머물지 못한 경우를 말하고 있다. 지혜로운 사람은 그만큼 세상을 제대로 이해할 수 있다. 그러나 스스로 지혜롭다고 여겨 중용에서 벗어나면 문제가 생긴다. 중용이란 모자라거나 지나침이 없는 상태다. 그런데 '지나침은 모자람과 같다.'라는 말도 있지만, 오히려 '지나침은 모자람만 못하다.'고 해야 더 맞을 것이다.

모자라서 문제가 되는 것도 있지만, 지나쳐서 재앙이 된 경우가 더 많다. 자신의 지혜를 너무 믿은 나머지 욕심을 지나치게 부려 올바른 길을 찾지 못하고 죄악의 길을 걷게 되고, 결국에는 잘못된 지경에

이를 수 있다는 점을 공자는 지적한 것이다. 그나마 공자의 제자 가운데서도 안회 정도가 중용을 석 달 정도 지켰다고 한다.

8. 안회의 사람됨

공자가 말했다. "안회의 사람됨은 중용을 택해서 실천하는 것이니, 한 가지 착한 것을 얻으면 잘 받들어 가슴에 간직하여 잃지 않는다."

◎子曰 回之爲人也 擇乎中庸 得一善 則拳拳服膺而弗失之矣
　자왈　회지위인야　택호중용　득일선　즉권권복응이불실지의

사람이 중용을 실천하는 것이 매우 어렵다는 말은 앞서 거듭 강조하였다. 안회는 공자의 제자 가운데 가장 사랑을 받았던 사람이다. 아첨을 잘해서 그런 것이 아니다. 안회는 일상에서 늘 중용을 구하고자 힘썼고, 그것을 가슴 깊이 간직하여 끝까지 굳게 지켜 나가려 했다. 그래서 스승에게 사랑을 받은 것이다.

"안회는 참으로 아는 사람이다."라고 공자가 칭찬한 이유는 그가 단순히 중용의 길을 선택만 한 것이 아니고, 잘 지켰기 때문이다. 즉, 알기만 한 것이 아니라 실천에 옮긴 것이다.

공자는 수많은 제자 가운데 오직 안회만이 중용을 구하고 지킬 수 있다고 하였다. 그리고 다른 제자들은 그렇지 못함을 안타까워했다.

9. 중용의 어려움

공자가 말했다. "세상과 나라를 공평하게 다스리고, 벼슬과 녹봉도 사양하며, 시퍼런 칼날 위를 맨발로 걷는 것은 가능한 일이다. 그러나 중용을 행하기는 실로 어려운 것이다."

◎子曰 天下國家可均也 爵祿可辭也 白刃可蹈也 中庸不可能也
　자 왈　천 하 국 가 가 균 야　작 록 가 사 야　백 인 가 도 야　중 용 불 가 능 야

사람은 국가를 맡아서 공평하게 다스릴 수도 있고, 높은 벼슬을 겸손하게 사양할 수도 있다. 또한 결심을 하면 날이 시퍼렇게 선 칼을 맨발로 밟을 수도 있다. 그러나 중용을 행하고 지키는 일만은 결코 간단하고 쉬운 일이 아니다.

사실 중용은 쉬운 듯하지만 어려운 것이다. 그러면 무엇 때문에 이렇게 쉬운 일이 어려운 것일까? 바로 개인적인 욕심 때문이다. 털끝만큼이라도 개인적인 욕심이 남아 있으면 결코 중용의 길을 걷지 못한다.

세상을 고르게 다스리고 벼슬과 녹봉을 사양하며 시퍼런 칼날 위를 맨발로 걷는 것은, 어렵지만 결심하면 실천할 수 있는 일이다. 그러나 중용을 지키고 실천하는 일은 쉬운 듯 여겨지면서도 어려운 것이다. 사람이 자신의 욕심을 버리는 일인데, 그것이 어찌 쉽게 이루어지겠는가?

10. 참으로 강한 것

자로가 강한 것에 대하여 공자에게 물었다. 이에 공자가 대답하였다. "네가 물은 것은 남쪽 사람들의 강함인가? 아니면 북쪽 사람들의 강함인가? 아니면 너 자신의 강함인가? 넓은 아량으로 사람들을 대하고, 남이 자기에게 잘못을 저질러도 보복하지 않는 것이 남쪽 사람들의 강함이다. 그리고 창과 칼을 들고 갑옷을 입고 죽도록 싸우는 것을 마다하지 않는 것이 북쪽 사람들이 강하다고 여기는 것인데, 너처럼 강한 것을 좋아하는 사람들이 택하는구나.
그러므로 군자의 진정한 강함은 조화를 추구하되 어느 부류에도 속하지 않으며, 한쪽으로 치우치지 않고 중용의 도를 지키는 것이다. 또한 나라에 도가 있을 때에는 가난하여도 지조(志操)를 지키고, 나라에 도가 없을 때에는 목숨을 잃을지라도 평생의 지조를 바꾸지 않는 것이 참다운 강함이다."

◎子路問强 子曰 南方之强與 北方之强與 抑而强與 寬柔以敎 不報無
　자로문강　자왈　남방지강여　북방지강여　억이강여　관유이교　불보무

道 南方之强也 君子居之 袵金革 死而不厭 北方之强也 而强者居之
도　남방지강야　군자거지　임금혁　사이불염　북방지강야　이강자거지

故君子和而不流 强哉矯 中立而不倚 强哉矯 國有道 不變塞焉 强哉
고군자화이불류　강재교　중립이불의　강재교　국유도　불변색언　강재

矯 國無道 至死不變 强哉矯
교　국무도　지사불변　강재교

　자로는 공자의 제자 가운데 가장 용맹이 뛰어난 제자였다. 그런데
때로는 너무 무모하여 공자에게 꾸지람도 가끔 들은 것 같다. 여기
서도 자로는 자신의 용맹을 자랑하고 싶어서 스승에게 질문을 한 것
이다. 자신의 용맹함을 스승에게 인정받고 싶었던 것이다.
　그러나 대답은 뜻밖이었다. 공자는 용맹을 좋아하고 뽐내는 제자
를 타일렀다. 진실한 용맹이란 남쪽 사람의 용맹처럼 자랑하지 않고
뽐내지 않으며 참을 줄 알고 드러내지 않는 것이라고.
　주자도 이에 대하여 다음과 같이 말하였다.

　"나라가 올바르게 다스려지고 높은 지위에 오르더라도 지조를 바
꾸지 않고, 나라가 올바른 도리로 다스려지지 않을 때에도 평생의
신조를 바꾸지 않는다. 이러한 태도는 중용을 제대로 실행하지 못

92

하는 사람이라도 스스로 개인적인 욕심을 버리고 올바른 도리를 잘
선택하면 지킬 수 있다. 군자의 강함을 말하면서 무엇이 이 중용
보다 크겠는가? 공자는 이러한 내용으로 자로를 타일러 그의 강한
혈기를 누르고 덕과 의에 대한 용기를 키워주고자 한 것이다."

11. 중용의 도는 평상적인 것

공자가 말했다. "사람과 더불어 살지 않고 깊은 산골짜기에서 살면
서 이상한 행동을 하면 후세 사람들이 신기하게 여겨 기록을 남기
겠지만, 나는 그렇게 하지 않겠다. 어떤 군자는 중용의 길을 가다가
중간에 그만두기도 하지만, 나는 그러지 않을 것이다. 진정한 군자
는 중용의 도를 지킬 뿐이다. 그리고 세상을 등져 사람들에게 잘 알
려지지 않더라도 후회하지 않는다. 이것은 오직 성인만이 할 수 있
는 것이다."

◎子曰 素隱行怪 後世有述焉 吾弗爲之矣 君子遵道而行 半塗而廢 吾
　자왈　소은행괴　후세유술언　오불위지의　군자준도이행　반도이페　오

　弗能已矣 君子依乎中庸 遯世不見知而不悔 唯聖者能之
　불능이의　군자의호중용　둔세불견지이불회　유성자능지

사람들과 어울리지 않고 이상한 행동이나 한다면, 아마도 세상 사람들에게 쉽게 알려지고 주목을 받을 것이다. 우리 주변에도 이러한 사람들이 꽤 있는 것 같다. 쇠붙이를 과자 먹듯 하는 사람, 간장을 맹물 먹듯 하는 사람, 상처 부위를 손으로 쳐서 병을 고친다는 사람 등. 아주 특이한 재주가 있는 경우에는 어쩔 수 없는 일이지만, 일부러 남을 속이고자 한 것이라면 문제가 심각하다.

중용의 도는 평범한 길이다. 남들이 지니지 못한 신기한 능력을 가져야 이룰 수 있는 것이 아니다. 오히려 세상을 피하거나 이상한 행동을 하는 사람은 중용의 길을 가로막는 훼방꾼이다. 공자는 이상한 능력으로 세상의 이목을 끌 수도 있지만, 자신은 그렇게 하지 않겠다고 했다. 왜냐하면 그것은 중용의 도에서 벗어난 일이기 때문이다.

12. 군자의 도

군자의 도는 매우 광범위하면서도 아주 세밀하다. 이것은 평범한 부부라도 알 수 있다. 그러나 지극히 세밀한 경지에 이르면 비록 성인이라도 알지 못하는 것이 있다. 그리고 평범한 부부라도 실천할 수 있지만, 그 지극함에 이르러서는 비록 성인이라도 할 수 없는 것이 있다. 천지가 그토록 크고 넓은 것임에도 사람들은 천지에서 만족하지 못하는 것이 있다.

그러므로 군자의 도란 그 큼으로 말하자면 너무나도 광대하여 천하도 이를 실을 수 없고, 그 작음으로 말하자면 너무나도 미세하여 천하에 이를 쪼갤 수 있는 것이 없다.

《시경》에서 말하기를 "솔개는 날아서 하늘에 이르거늘, 물고기는 연못에서 뛰논다."라고 하니, 위와 아래를 잘 살펴서 행하라는 것이다. 군자의 도는 실마리가 아주 평범한 부부에게서 시작되지만, 그 지극함에 이르러서는 천지의 모든 것에 적용되는 것이다.

◎君子之道 費而隱 夫婦之愚 可以與知焉 及其至也 雖聖人亦有所不
　군자지도　비이은　부부지우　가이여지언　급기지야　수성인역유소부

　知焉 夫婦之不肖 可以能行焉 及其至也 雖聖人亦有所不能焉 天地
　지언　부부지불초　가이능행언　급기지야　수성인역유소불능언　천지

　之大也 人猶有所憾 故君子語大 天下莫能載焉 語小 天下莫能破焉
　지대야　인유유소감　고군자어대　천하막능재언　어소　천하막능파언

　詩云 鳶飛戾天 魚躍于淵 言其上下察也 君子之道 造端乎夫婦 及其
　시운　연비려천　어약우연　언기상하찰야　군자지도　조단호부부　급기

　至也 察乎天地
　지야　찰호천지

여기서 군자의 도란 바로 중용의 도를 말하는 것이다. 중용의 도는 큰 것으로 말하면 천지에도 다 실을 수 없을 만큼 광대하고, 작은 것

으로 말하면 천하에서 이보다 더 작게 쪼갤 수 없을 만큼 작고 세밀한 것임을 설명한 문장이다.

사실 군자의 도는 꼭 엄청난 것만은 아니다. 그것은 일상생활에서 비롯되는 것이다. 부부간의 일상생활에도 나름의 도리가 있듯이 말이다. 그러나 평범한 부부간의 도리에서 군자의 도리가 시작된다고 해도, 그 행동의 지극함에 이르면 성인도 다 행할 수 없는 그 무엇이 있다. 어찌 보면 중용의 도가 지닌 역설적인 면을 강조한 것이라고 할 수 있다.

중용의 도는 아무리 어리석은 부부라도 실천할 수 있다. 그러나 성인이라도 그 지극한 경지에 이르면 실천하기 어려운 것이 또한 중용의 도인 것이다. 이는 도의 전체를 두고 한 말이다.

아무리 성인이라도 한계가 있다. 즉, 인식과 실천의 제약이 있게 마련이다. 그러므로 도는 극대(極大)와 극소(極小)라는 형태로 천지 만물에 두루 퍼져 있음을 알아야 한다는 말이다.

13. 손에 쥔 도낏자루

공자가 말했다. "도는 사람에게서 멀지 않으니, 사람이 도를 행하면서 사람을 멀리하면 도라고 할 수 없다. 《시경》에서 '나무를 잘라 도

껫자루를 만드는 방법은 멀리 있지 않고, 헌 도낏자루 속에 있네.'라
고 하였다. 사람들은 손에 헌 도낏자루를 들고 새 도낏자루를 만들
면서 흘겨보기만 하다가 아직도 멀었다고 여긴다. 그러므로 군자는
사람을 본성에 따라 다스리다가 고쳐지면 즉시 멈춘다.

충(忠)과 서(恕)는 도에서 먼 것이 아니므로, 내가 하기 싫은 것을 남
이 시키면 싫듯이, 자신도 남에게 싫은 일을 시키지 말아야 한다.

군자의 도는 네 가지인데 나는 한 가지도 할 수 없다. 자식은 부모에
게 효도하라고 하였지만, 나 자신은 실천에 옮기지 못하였다. 신하
는 임금을 충성으로 섬기라고 하였지만, 나는 이를 잘 실천하지 못
하였다. 아우는 형을 존경하고 따르라고 하였지만, 나 자신은 하지
못하였다. 친구에게 먼저 믿음으로 대해야 한다고 했지만, 나는 행
하지 못하였다.

일상의 덕행일수록 힘을 다해 실천해야 하며, 평범한 말과 행동일수
록 힘을 다해 조심해야 한다. 만일 모자람이 있으면 힘써 노력하고,
아직 여유가 있다면 온 힘을 다 써야 한다. 말을 할 때에는 행동을
돌아봐야 하고, 행동할 때는 말을 돌아봐야 한다. 군자가 어찌 노력
하지 않겠는가?"

◎子曰 道不遠人 人之爲道而遠人 不可以爲道 詩云 伐柯伐柯 其則不
　자왈　도 불 원 인　인 지 위 도 이 원 인　불 가 이 위 도　시 운　벌 가 벌 가　기 칙 불

　遠 執柯以伐柯 睨而視之 猶以爲遠 故君子以人治人 改而止 忠恕違
　원　집 가 이 벌 가　예 이 시 지　유 이 위 원　고 군 자 이 인 치 인　개 이 지　충 서 위

道不遠 施諸己而不願 亦勿施於人 君子之道四 丘未能一焉 所求乎子
도불원 시제기이불원 역물시어인 군자지도사 구미능일언 소구호자

以事父 未能也 所求乎臣以事君 未能也 所求乎弟以事兄 未能也 所
이사부 미능야 소구호신이사군 미능야 소구호제이사형 미능야 소

求乎朋友先施之 未能也 庸德之行 庸言之謹 有所不足 不敢不勉 有
구호붕우선시지 미능야 용덕지행 용언지근 유소부족 불감불면 유

餘不敢盡 言顧行 行顧言 君子胡不慥慥爾
여불감진 언고행 행고언 군자호불조조이

여기서는 충서(忠恕)와 중용의 관계를 설명하면서, 충서가 중용에 도달하는 지름길임을 강조하고 있다.

도는 항상 사람과 함께 있다. 다만 사람들이 그것을 알지 못할 뿐이다. 그래서 도를 깨닫고 실천하기 위해서는 항상 자신을 먼저 살펴봐야 한다. 아무리 소홀한 것에도 도가 있음을 알아야 할 것이다.

이는 마치 《시경》에서 인용한 도낏자루를 만드는 경우와 같다. 도낏자루를 만들 나무를 자르면서, 그 도낏자루의 모형을 자신이 쥐고 있는 도낏자루에서 찾지 않고 왜 곁눈질을 하는가, 왜 다른 곳에서 찾으려는 어리석음을 범하느냐고 공자는 지적한다.

충서에 대해 살펴보자. 증자는 "공자의 도는 충서일 뿐이다."라고 말한 적이 있다. 그렇다면 충과 서는 어떠한 뜻일까? 먼저 '충(忠)'은 '중(中)'과 '심(心)'으로 구성된 글자다. 즉, 중심이니 어느 한쪽으로 치우치지 않은 상태다. 이렇게 중심이 잡힌 상태를 유지하기 위해 늘

최선을 다한다는 것이 충이다. 자신에 대한 최선의 노력이라는 말도 된다. 그래서 주자는 "자기 마음을 다하는 것을 충이라고 한다[진기지 위충(盡己之謂忠)]."라고 하였다.

그리고 '서(恕)'는 '여(如)'와 '심(心)'으로 이루어진 글자다. 자기의 마음처럼 남의 마음도 알아주라는 말이다. 《대학》에서 말한 혈구지도와 통하는 내용이다. 자신의 입장에서만 남의 마음을 헤아리거나, 자신이 하기 싫은 일을 남에게 강요하지 말라는 뜻이다.

주자는 이를 "자신의 마음을 미루어 남에게 미치는 것을 서라고 한다[추기지위서(推己之謂恕)]."라고 하였다. 내가 좋아하는 일은 남도 좋아하고 내가 싫은 일은 남도 싫어한다. 그러니 '입장 바꿔 생각해 보면 다른 사람의 처지를 더욱 잘 알게 된다.'는 것이다. 그러면 《논어》의 "내가 하기 싫은 일은 남에게도 강요하지 말라[기소불욕 물시어인(己所不欲 勿施於人)]."는 말의 의미를 제대로 이해할 수 있을 것이다. 사실 유학의 가르침은 충과 서만 잘 깨닫고 실천하면 거의 배운 것이나 다름없다고 해도 지나친 말이 아니다.

또한 공자는 "자신을 지키지 못했다."는 겸손한 말로써 군자의 네 가지 도에 대하여 이야기하였다. 부모를 섬기는 일은 효도이며, 임금을 섬기는 일은 충성이다. 그리고 어른은 공경으로 대해야 하며, 벗은 믿음으로 사귀어야 한다. 이러한 것들을 남이 나에게 해 주기를 바라는 마음으로 남에게 베푸는 마음이 바로 충서다.

14. 군자의 본분

군자는 자기가 처해 있는 처지에 따라 적절하게 일을 행하며, 자신의 지위에서 벗어난 일은 행하지 않는다. 부유하고 귀한 처지에 있으면 부유하고 귀한 처지에 맞는 일을 하고, 가난하고 천한 처지에 있으면 그에 맞는 일을 한다. 오랑캐의 처지에 있으면 오랑캐의 처지에 맞는 일을 하고, 위험하고 어려운 처지에 있으면 그에 맞는 일을 한다. 군자가 자기 본분을 잘 지킨다면, 어떠한 처지에 있어도 그 나름대로 얻음이 있다.

◎君子素其位而行 不願乎其外 素富貴 行乎富貴 素貧賤 行乎貧賤
　군 자 소 기 위 이 행　불 고 호 기 외　소 부 귀　행 호 부 귀　소 빈 천　행 호 빈 천

　素夷狄 行乎夷狄 素患難 行乎患難 君子無入而不自得焉
　소 이 적　행 호 이 적　소 환 난　행 호 환 난　군 자 무 입 이 불 자 득 언

군자란 부딪히는 현실 상황에 맞게 중용의 도를 실천하는 사람이다. 중용의 도는 바로 그 처지나 상황에 따라서 지나침이나 모자람이 없고, 어느 한쪽으로 기울지 않도록 가장 알맞게 행하는 것이다. 부자이면 부자의 처지에 맞게, 가난하면 가난한 처지에 맞게, 환경이 바뀌면 그 환경에 맞게 중용의 도를 실천하는 것이 가장 중요하다.
　군자는 또한 어떠한 상황에서라도 자신의 주체성을 잃지 않고, 자

신을 바로 세우고 지켜야 할 도리를 제대로 지켜 나가는 존재다. 그래서 어떠한 처지에 있어도 그 나름의 얻음이 있어 스스로 만족할 수 있다. 즉, 어떤 상황을 강요당해 억지로 견디는 것이 아니라, 자신의 뜻에 따라 행동함으로써 만족을 얻는 것을 말한다.

군자는 윗자리에 있으면 아랫사람을 업신여기지 않고, 아랫자리에 있으면 윗사람에게 아첨하지 않는다. 자신을 바르게 하고 남에게 바라는 것이 없으면 원망이 있을 수 없다. 위로는 하늘을 원망하지 않고, 아래로는 남을 탓하지 않는다. 그러므로 군자는 평소대로 자신의 본분을 다하며 천명을 기다리지만, 소인은 위험을 무릅쓰며 우연한 행운을 바란다.

공자가 말했다. "활쏘기는 군자와 닮은 점이 있다. 과녁을 맞히지 못하면 다른 것에 핑계를 대지 않고 자신의 수련이 부족함을 탓할 뿐이다."

◎在上位不陵下 在下位不援上 正己而不求於人 則無怨 上不怨天 下不
　재 상 위 불 능 하　재 하 위 불 원 상　정 기 이 불 구 어 인　즉 무 원　상 불 원 천　하 불

尤人 故君子居易以俟命 小人行險以徼幸 子曰 射有似乎君子 失諸正
우 인　고 군 자 거 이 이 사 명　소 인 행 험 이 요 행　자 왈　사 유 사 호 군 자　실 제 정

鵠 反求諸其身
곡　반 구 제 기 신

군자는 시대를 이끌어 가는 지도자이기도 하다. 그러니 아랫사람을 업신여기고 윗사람에게 아첨을 한다면, 지도자로서 본분을 지키지 못하는 것이다. 자신의 본분을 잊고 함부로 행동한다면 자신뿐만 아니라 그를 따르는 사람들에게도 피해를 준다.

윗사람이 아랫사람을 업신여기고 아랫사람이 윗사람의 눈치를 살피는 일도 각자 자신의 본분을 지킨다면 자연히 해결될 문제다. 그래서 "군자는 위로는 하늘을 원망하지 않고, 아래로는 사람을 탓하지 않는다."라고 한 것이다. 자신의 임무를 충실하게 지키는데, 남을 원망할 틈이 어디에 있겠는가?

공자는 활쏘기가 군자의 도와 비슷하다고 하였다. 활을 쏘아서 만약 과녁에 맞추지 못하면, 그 원인을 다른 데서 찾지 말고 바로 활을 쏜 자기 자신에게서 찾아야 한다는 것이다. 다시 말해 군자도 최선을 다해 중용을 지키려 노력하지만, 그것이 잘 지켜지지 않았을 때는 그 원인을 자신에게서 구하라는 말이다.

15. 먼 길도 한 걸음부터

군자의 도는 먼 길을 갈 때에도 반드시 한 걸음부터 출발하는 것과 같고, 높은 산을 오를 때에도 반드시 낮은 곳에서부터 시작하는 것과 같다.

《시경》에 "아내와 자식의 화목함이 슬금(瑟琴, 비파와 거문고)이 어울리는 것과 같고, 형제의 우애가 두터우니 즐거움이 그지없다. 집안이 화목하니 아내와 자식이 즐겁게 지내는구나."라고 하였다.

공자가 이를 두고 찬양하였다. "그 사람의 부모 역시 마음이 평안할 것이다."

◎君子之道 辟如行遠必自邇 辟如登高必自卑 詩曰 妻子好合 如鼓瑟
　군자지도 　비여행원필자이 　비여등고필자비 　시왈 　처자호합 　여고슬

琴 兄弟既翕 和樂且耽 宜爾室家 樂爾妻帑 子曰 父母其順矣乎
금 　형제기흡 　화락차탐 　의이실가 　낙이처노 　자왈 　부모기순의호

　군자의 도는 가까운 곳에 있다는 것을 다시 강조한 내용이다. 아무리 먼 곳일지라도 가까운 땅을 밟지 않고서는 갈 수 없다. 또한 높은 산을 오르려면 반드시 낮은 기슭부터 밟아야 한다. 이렇듯 군자의 도 또한 일상의 작은 일에서부터 성실하게 실천해야 한다.

　작은 일을 가볍게 여기는 사람에게 큰일을 맡길 수 없다. 일상을 떠난 도는 우리에게 아무런 의미가 없다. 앞에서 군자의 도는 평범한 부부의 일상에서 비롯된다고 하였다. '아내와 자식들이 서로 좋아하고 형제들이 의좋게 지낸다면, 그 집안은 화목하고 즐거울 것이다.'라고 한《시경》의 내용을 인용하여 이러한 점을 강조하였다.

16. 귀신의 덕

공자가 말했다. "귀신의 덕은 참으로 성대하다. 보려고 해도 보이지 않고, 들으려고 해도 들리지 않지만 만물의 주인이 되어 만물을 형성하는 데 하나도 빠뜨리지 않는다. 온 세상의 사람들로 하여금 몸가짐과 마음을 깨끗이 하고 옷을 단정하게 입고서 제사를 받들게 하니, 가득히 그 위에 있는 듯하며 그 좌우에 있는 것 같구나. 《시경》에서 '귀신이 찾아오는 것을 예측할 수 없다. 그런데 소홀하게 대하고 공경하지 않을 수 있는가?'라고 하였다. 무릇 미미한 것의 드러남과 정성스러운 작용을 막을 수 없음이 이와 같은 것이다."

◎子曰 鬼神之爲德 其盛矣乎 視之而弗見 聽之而弗聞 體物而不可遺
　자왈　귀신지위덕　기성의호　시지이불견　청지이불문　체물이불가유

使天下之人 齊明盛服 以承祭祀 洋洋乎如在其上 如在其左右 詩曰
사천하지인　제명성복　이승제사　양양호여재기상　여재기좌우　시왈

神之格思 不可度思 矧可射思 夫微之顯 誠之不可揜 如此夫
신지격사　불가탁사　신가역사　부미지현　성지불가엄　여차부

우리는 흔히 귀신이라고 하면 악귀를 떠올린다. 그러나 여기서 말하는 귀신은 납량 드라마에 나오는 그런 귀신이 아니다. 자연계에 나타나는 생성과 변화의 모습이라고 하는 것이 옳을 듯하다.

하늘에서 별과 달이 운행하고, 비와 바람, 눈, 서리 등이 내려 만물

이 만들어지고 사라지는 것이 자연의 이치다. 이것을 귀신의 조화라고 한다. 다른 표현으로는 천지신명(天地神明)이라고 한다.

천지신명은 모습을 보려고 해도 볼 수 없고, 소리를 들으려 해도 들을 수 없다. 너무나도 희미하기 때문이다. 그러면서도 해와 달과 별을 운행시키고 계절을 순환시키며, 사람과 짐승과 물고기와 나무와 풀 등 무엇 하나 빠지지 않고 자라나게 만드니, 그야말로 위대하다고 할 수 있다. 그렇기 때문에 사람들은 마음과 몸을 깨끗이 하고 부정한 일을 멀리하며, 엄숙한 분위기에서 신을 받들어 제사를 지내는 것이다.

공자는 천지신명의 공덕이 이처럼 위대하다는 점을 들어 중용의 도를 밝히고자 한 것이다. 즉, 중용의 도 또한 보아도 보이지 않고, 들어도 들리지 않지만 없는 곳이 없어서, 때와 장소를 가리지 않고 모든 일에 작용하는 귀신의 덕과 견줄 만하다는 것이다.

17. 대단한 효자

공자가 말했다. "순은 참으로 대단한 효자였다. 덕으로 치자면 성인이고, 존귀함으로 따지면 천자이고, 부유하기로는 천하를 차지하였다. 그래서 종묘에서 그를 제사지냈고, 자손이 그의 업적을 보존

하였다.

위대한 덕은 반드시 그에 어울리는 지위와 천하, 그리고 이름과 오랜 삶을 얻는다. 그러므로 하늘이 만물을 만들어 낼 때에는 반드시 그 재주와 능력에 따라 하되, 그것을 더욱 키워 준다. 그러므로 심어서 잘 자라는 것은 북돋워 번식시키고, 기울어져 제대로 자라지 못하는 것은 엎어 버린다.

《시경》에 '아름답고 즐거운 군자여, 밝고 아름다운 덕이 있구나! 백성들에게 알맞게 하고 관리들에게 알맞게 하여 하늘에서 녹(祿)을 받았네. 하늘은 그를 도와서 천자로 임명하니, 하늘에서 그 녹을 거듭 내리는구나."라고 하였다. 그러므로 큰 덕이 있는 자는 반드시 천명을 받는다.

◎子曰 舜其大孝也與 德爲聖人 尊爲天子 富有四海之內 宗廟饗之 子
　자왈　순기 대효야여　덕위성인　존위천자　부유사해지내　종묘향지　자

孫保之 故大德 必得其位 必得其祿 必得其名 必得其壽 故天之生物
손보지　고대덕　필득기위　필득기록　필득기명　필득기수　고천지생물

必因其材而篤焉 故栽者培之 傾者覆之 詩曰 嘉樂君子 憲憲令德 宜
필인기재이독언　고재자배지　경자복지　시왈　가락군자　헌헌령덕　의

民宜人 受祿于天 保佑命之 自天申之 故大德者必受命
민의인　수록우천　보우명지　자천신지　고대덕자필수명

순의 효성은 큰 덕을 지닌 결과에서 나온 것임을 설명한 문장이다. 부모에게 효도하는 일은 덕의 근본이다. 부모를 잘 모시는 지도자라

야 백성의 삶을 편안하게 할 수 있고, 자손들이 번성할 수 있게 할 수 있다. 부모에게 효도하는 사람은 덕이 가득하여 다른 사람에게도 사랑을 베풀며, 하늘도 그런 사람에게 축복을 내린다. 그러하기에 효를 모든 인간 생활의 근본으로 삼는 것이다. 결국 효성이 지극한 사람은 중용의 도를 잘 지킨다는 것이다.

자연의 이치를 살펴보면, 뿌리를 단단하게 내린 나무는 무성하게 자라지만, 그렇지 못한 나무는 시들어 죽게 마련이다. 중용의 도라는 것도 잘 지켜서 그 덕을 베푸는 사람에게는 끊임없는 복을 내리지만, 그렇지 못하면 어김없이 재앙을 내린다는 것이다.

부모에게 효도하는 사람은 세상사가 모두 떳떳하다. 사회에서 성공했다고 어깨에 힘주고 다니는 것이 무슨 의미가 있을까? 자기를 키워 주고 챙겨 준 부모를 잊은 사람이 성공했다고 떳떳할 수 있겠는가? 하늘의 도는 한 치의 오차도 없어서, 덕이 있으면 그에 맞는 보답이 있음을 《시경》에서 인용한 글을 통하여 강조하였다.

18. 근심이 없는 사람

공자가 말했다. "근심이 없는 사람은 오직 문왕이다! 왕계(王季)를 아버지로 두고 무왕을 아들로 두어서, 아버지가 왕업을 일으키고 아들이 이를 계승하였다. 무왕이 태왕(太王, 문왕의 할아버지인 고공단보)과 왕계와 문왕의 일을 계승하여 한번 갑옷을 입고 전투를 하여 은나라의 군대를 무찌르고 천하를 얻었으나, 그의 몸은 세상에 드러난 훌륭한 명성을 잃지 않았다. 그래서 존귀하기로는 천자가 되고, 부유하기로는 천하를 차지하였다. 종묘에서 그를 제사지냈고 자손들이 보존하였다.

무왕이 말년에 천명을 받자, 주공이 문왕과 무왕의 덕을 완성하여 태왕과 왕계를 왕으로 모시고, 위로 조상들을 친자의 예로써 제사지냈으니, 이 예는 제후와 대부, 선비와 평민에 이르기까지 두루 따르게 되었다.

만일 아버지가 대부이고 아들이 선비면, 장례는 대부의 예로써 하고 제사는 선비의 예로써 하며, 아버지가 선비이고 아들이 대부이면, 장례는 선비의 예로써 하며 제사는 대부의 예로써 한다. 1년 상은 대부까지 따르고, 3년 상은 천자까지 따르니, 부모의 상은 귀천의 구별 없이 같았다.”

◎子曰 無憂者 其惟文王乎 以王季爲父 以武王爲子 父作之 子述之 武
　자왈　무우자　기유문왕호　이왕계위부　이무왕위자　부작지　자술지　무

王纘大王 王季 文王之緒 壹戎衣而有天下 身不失天下之顯名 尊爲天
왕찬대왕　왕계　문왕지서　일융의이유천하　신부실천하지현명　존위천

子 富有四海之內 宗廟饗之 子孫保之 武王末受命 周公成文武之德
자　부유사해지내　종묘향지　자손보지　무왕말수명　주공성문무지덕

追王大王 王季 上祀先公以天子之禮 斯禮也 達乎諸侯 大夫及士 庶
추 왕 대 왕　왕 계　상 사 선 공 이 천 자 지 례　사 례 야　달 호 제 후　대 부 급 사　서

人 父爲大夫 子爲士 葬以大夫 祭以士 父爲士 子爲大夫 葬以士 祭以
인　부 위 대 부　자 위 사　장 이 대 부　제 이 사　부 위 사　자 위 대 부　장 이 사　제 이

大夫 期之喪 達乎大夫 三年之喪 達乎天子 父母之喪 無貴賤一也
대 부　기 지 상　달 호 대 부　삼 년 지 상　달 호 천 자　부 모 지 상　무 귀 천 일 야

　　문왕이 아버지의 업적을 이어받아 나라를 다지고, 그의 아들인 무
왕이 이를 계승한 역사적 사실을 구체적으로 보여 주는 문장이다. 여
기서 문왕은 근심이 없다고 한 것은 자손들이 뛰어나서 자신의 업적
을 계승하고 그의 제사를 지냈기 때문이다. 유학에서는 성인의 계보
를 요·순·우·탕·문·무·주공·공자로 세운다.

　　그런데 문왕의 둘째 아들인 주공은 왕위에 오르지 못했는데도 계
보에 올라 있다. 그 이유는 주공이 건국 초기에 나라의 기틀을 다지
는 데 큰 공을 세운 인물이기 때문이다. 주공은 문왕의 아들이자 무
왕의 아우다. 또한 성왕(成王)의 숙부이기도 하다. 세 왕을 도와 국가
체제를 확립했으며, 공자가 가장 존경하였던 인물이기도 하다. 무왕
이 죽자 조카인 어린 성왕을 도와 섭정(攝政)을 하며 성왕을 이끌었다.

　　주공은 조상들에게 왕호(王號)를 주고 종묘에서 제사를 지냈으며,
조상 숭배의 예법을 만들어 보급하였다. 이러한 예법은 중국에서 오
랫동안 봉건적인 질서를 유지하는 데 필요한 모델이 되어 왔다.

　　《예기》에 따르면 장례는 죽은 사람의 지위에 맞게 치르고, 제사는

살아 있는 자식의 지위에 맞게 지내는 것이 일반적인 예법이다. 그리고 1년 이하의 가벼운 상, 즉 부모 외의 초상은 일반 서민부터 중간 벼슬에 이르는 사람들에게만 적용되었고, 왕이나 제후에게는 해당되지 않았다. 하지만 부모의 장례에는 지위가 높고 낮음을 가리지 않고 모두 3년 상을 허용하였다. 적어도 부모의 장례만큼은 신분의 차별이 없었던 것이다.

그러면 부모의 상을 3년으로 정한 까닭은 무엇일까? 사람을 제외한 대부분의 동물들은 대개 어미의 보호에서 일찍 독립을 한다. 그러나 사람은 그렇지 않다. 길게는 2,30년이 걸린다. 그러기에 부모의 은혜가 끝이 없다는 것이다.

하지만 그런 은혜에 보답한다고 부모 상에만 온 힘을 쏟을 수는 없는 것이 현실이다. 사람이 태어나 부모의 품에서 벗어나기까지의 기간이 3년이므로, 적어도 3년 동안은 부모의 은혜에 보답한다는 의미로 3년상을 정한 것이라 한다.

19. 조상을 모시는 정성으로

공자가 말했다. "무왕과 주공은 천하의 모든 사람들이 칭찬하는 효자다. 효도라는 것은 조상의 뜻을 잘 이어받고, 조상의 일을 잘 계승하는 것이다. 봄과 가을에 조상의 사당을 수리하고 종묘의 제기를 진열하며, 선조의 의복을 펴 놓으며, 제철에 나오는 음식을 올린다. 종묘의 예는 조상의 신주(神主)를 차례대로 배열하는 것[1]이며, 관직과 작위의 서열에 따라서 잔을 올리는 것은 신분의 귀천을 분별하는 것이다. 제사지내는 일을 나누어 맡기는 것은 현명한 사람과 그렇지 못한 사람을 구별하기 위한 것이며(현명한 사람에게는 어렵고 중요한 일을, 그렇지 못한 사람에게는 쉬운 잡일을 맡김), 여럿이 술을 마실 때 아랫사람이 윗사람을 위하여 술을 올리는 것은 천한 사람까지 참여하게 하는 것이고, 제사를 끝내고 잔치를 할 때 머리털의 색으로 차례를 정하는 것은 나이에 따라 차례를 정하기 위한 것이다.

제사를 올리는 자리에 올라가서 옛 임금이 하던 예법을 행하고 옛 임금이 사용하던 음악을 연주한다. 그리고 옛 임금이 존경하는 이를 공경하고, 아끼던 이를 사랑하며, 죽은 자 섬기기를 살아 있는 사람 섬기듯 하며, 없는 사람 섬기기를 있는 사람 섬기듯 하는 것이 효도의 지극함이다.

교제(郊祭, 하늘에 지내는 제사)와 사제(社祭, 땅에 지내는 제사)의 예는 하늘과 땅의 신을 섬기기 위한 것이며, 종묘의 예는 조상에게 제사지내기 위한 것이니, 하늘과 땅의 신에 대한 제사와 조상에 대한 제사의

---

1) 종묘의 구조는 제일 앞쪽에 태묘(太廟), 즉 첫째 조상을 모시고, 태묘에서부터 남쪽을 향해서 왼쪽에서 오른쪽의 순서로 나머지 조상들의 신주를 배열하는 것이다.

예를 잘 알고 있으면 나라를 다스리는 일이 마치 손바닥 위에 놓고 보는 것처럼 쉬울 것이다.”

◎子曰 武王 周公其達孝矣乎 夫孝者善繼人之志 善述人之事者也 春秋
　자왈　무왕　주공기달효의호　부효자선계인지지　선술인지사자야　춘추

修其祖廟 陳其宗器 設其裳衣 薦其時食 宗廟之禮 所以序昭 穆也 序
수기조묘　진기종기　설기상의　천기시식　종묘지례　소이서소　목야　서

爵 所以辨貴賤也 序事 所以辨賢也 旅酬下爲上 所以逮賤也 燕毛 所
작　소이변귀천야　서사　소이변현야　여수하위상　소이체천야　연모　소

以序齒也 踐其位 行其禮 奏其樂 敬其所尊 愛其所親 事死如事生 事
이서치야　천기위　행기례　진기락　경기소존　애기소친　사사여사생　사

亡如事存 孝之至也 郊社之禮 所以事上帝也 宗廟之禮 所以祀乎其先
망여사존　효지지야　교사지례　소이사상제야　종묘지례　소이사호기선

也 明乎郊社之禮 蒸嘗之義 治國其如示諸掌乎
야　명호교사지례　체상지의　치국기여시제장호

　공자는 무왕과 주공을 세상 사람들이 누구나 칭찬하는 효자라고 했다. 이들이 효자인 이유는 조상들의 뜻을 잘 받들고 이어받아 발전시켜 왔기 때문이라는 것이다. 효도는 단순히 조상들이 살아 있을 때 그들을 잘 돌보고 봉양하는 것만으로 끝나는 것이 아니다. 더 높은 차원의 효도는 조상의 뜻을 잘 계승하고 발전시키는 것이라고 할 수 있다.
　효도의 본질은 부모를 잘 공경하는 것인데, 그 방법은 무엇보다도 부모의 뜻을 잘 받아들여 실천하는 것이다. 그래서 공자도 “어버이가 살아 계실 때에는 그 뜻을 살피고 돌아가신 뒤에는 그 행실을 살펴야

하지만, 3년 동안 어버이의 도를 고치지 않아야 비로소 효도를 했다고 할 수 있다."고 했다.

효도란 부모가 살아 있을 때에만 지키는 덕목이 아니다. 돌아가신 뒤에도 살아 계실 때처럼 모셔야 한다. 그래서 제사에 정성을 다하는 것이다. 이는 가정뿐만 아니라 사회와 국가의 차원에서도 마찬가지다. 제사를 지내는 근본을 제대로 알면 국가를 다스리는 일이 쉬워진다는 말은, 어떤 일이든 공경하는 자세로 하면 막힘이 없다는 것을 의미한다.

20. 참다운 정치

애공(哀公)이 정치에 대해 묻자, 공자가 말했다. "문왕과 무왕의 정치는 문헌에 기록되어 있소. 다만 그들이 왕위에 있을 때에만 그들이 펼친 정치가 실행되었고, 그들이 죽자 그러한 정치는 멈추고 말았소. 사람의 도는 정치에 민감하고 땅의 도는 나무에 민감하오. 그래서 정치는 물가에 피어나는 창포나 갈대²⁾와 같다고 했소."

그러므로 정치는 인재를 얻는 데 있고, 인재를 얻는 방법은 자신의

---

2) 또는 '부들과 갈대'라고도 한다. 주자는 물가의 창포와 갈대가 빨리 자라는 것을 정치의 빠른 효과에 비유하였다.

수양에 달려 있으며, 수양은 도로써 하고, 도를 닦을 때는 타고난 본성인 인을 따라야 한다.

인이란 인간다움이다. 그러면 인간다움이란 무엇인가? 친족과 화목하게 지내는 것이 가장 으뜸이다. 의란 모든 일에 마땅히 행해야 할 것을 말한다. 그래서 어진 사람을 높이는 것이 가장 으뜸이다. 친족과 화목하게 지낼 때의 순서와 어진 사람을 높일 때 그 등급을 정하는 것이 예가 생기는 바탕이다.

그러므로 군자는 몸을 닦지 않을 수 없고, 몸을 닦으려고 생각하면 부모를 섬기지 않을 수 없다. 부모를 섬기려 생각하면 사람의 도리를 알지 않을 수 없으며, 사람의 도리를 알려고 생각하면 하늘의 이치를 알지 않을 수 없는 것이다.

◎哀公問政 子曰 文武之政 布在方策 其人存 則其政擧 其人亡 則其
애공문정 자왈 문무지정 포재방책 기인존 즉기정거 기인망 즉기

政息. 人道敏政 地道敏樹 夫政也者 蒲盧也 故爲政在人 取人以身 修
정식 인도민정 지도민수 부정야자 포로야 고위정재인 취인이신 수

身以道 修道以仁 仁者 人也 親親爲大 義者 宜也 尊賢爲大 親親之
신이도 수도이인 인자 인야 친친위대 의자 의야 존현위대 친친지

殺 尊賢之等 禮所生也 故君子不可以不修身 思修身 不可以不事親
쇄 존현지등 예소생야 고군자불가이불수신 사수신 불가이불사친

思事親 不可以不知人 思知人 不可以不知天
사사친 불가이부지인 사지인 불가이부지천

114

노나라의 임금인 애공이 공자에게 정치에 대해 물었다. 공자는 애공에게 문왕과 무왕을 본받으라고 말한다. 문왕과 무왕 같이 덕으로 나라를 다스려야 하지, 그렇지 않으면 나라가 잘 다스려지지 않는다는 것이다. 나라를 다스리는 사람이 먼저 도덕성을 갖춰야 백성이 그를 믿고 따른다는 사실을 애공에게 충고한 대목이다.

정치는 농사를 짓는 것과 같다. 비옥한 땅에 씨앗을 뿌리고 정성을 들여 잘 가꾸면 풍성한 열매를 얻을 것이고, 그렇지 않으면 쭉정이만 얻을 것이다. 나라를 다스리는 사람이 순리에 따라 덕으로 이끌면 백성들은 저절로 잘 다스려져 윤택한 삶을 누릴 것이다. 백성들에게 정성을 다해 정치를 하면 반드시 성과가 있을 것이니, 마치 물가의 창포와 갈대가 잘 자라는 것과 같다는 공자의 충고를 새겨 봐야 할 것이다.

또한 공자는 인과 의에 기초를 둔 정치를 강조한다. 정치는 어진 사람을 얻는 것이며, 어진 사람을 얻으려면 먼저 자신이 도덕성을 갖춰야 한다는 것이다. 이렇게 자신을 수양하기 위해 효도를 하고 인간의 도리를 알려고 노력하면 하늘의 이치까지 알 수 있는데, 이 하늘의 이치가 곧 중용의 도라는 말이다.

천하에 통용되는 도리는 다섯이고, 이 도리를 행하는 데 필요한 덕목은 세 가지다. 임금과 신하의 관계, 부모와 자식의 관계, 부부의 관계, 형제의 관계, 친구와의 관계, 이 다섯 가지는 천하의 보편적인 도[달도(達道)]이며, 지(知)·인(仁)·용(勇) 세 가지는 누구나 지녀야 할 인간됨의 덕[달덕(達德)]을 말하는데, 이를 행하게 하는 원리는 하나다.

그런데 어떤 사람들은 이러한 원리를 날 때부터 알고, 어떤 사람들은 점차 배워서 알게 되고, 또 어떤 사람들은 힘써 고민한 다음에 알게 되지만, 알고 깨달았다는 점에서 보면 같은 것이다. 어떤 사람들은 편안하게 실천하고, 어떤 사람들은 이롭다고 생각하여 실천하며, 어떤 사람들은 애쓰고 힘써서 실천한다. 하지만 그 성공에 이르러서 보면 모두 같은 것이다.

그래서 공자는 "배우기를 좋아함[호학(好學)]은 지에 가깝고, 힘써 옳은 일을 행함[역행(力行)]은 인에 가까우며, 부끄러움이 무엇인 줄 아는 것[지치(知恥)]은 용에 가깝다."라고 말했다. 이 세 가지를 알면 어떻게 수신해야 하는지를 알게 되며, 수신의 방법을 깨달으면 남을 다스리는 방법 알게 되고, 남을 다스리는 방법을 알면 천하를 어떻게 다스려야 하는지를 알게 된다.

◎天下之達道五 所以行之者三 曰君臣也 父子也 夫婦也 昆弟也 朋友
　천하지달도오　소이행지자삼　왈군신야　부자야　부부야　곤제야　붕우

之交也 五者 天下之達道也 知仁勇 三者 天下之達德也 所以行之者
지교야　오자　천하지달도야　지인용　삼자　천하지달덕야　소이행지자

116

一也 或生而知之 或學而知之 或困而知之 及其知之 一也 或安而行之
일야 혹생이지지 혹학이지지 혹곤이지지 급기지지 일야 혹안이행지

或利而行之 或勉强而行之 及其成功 一也 子曰 好學近乎知 力行近
혹리이행지 혹면강이행지 급기성공 일야 자왈 호학근호지 역행근

乎仁 知恥近乎勇 知斯三者 則知所以修身 知所以脩身 則知所以治
호인 지치근호용 지사삼자 즉지소이수신 지소이수신 즉지소이치

人 知所以治人 則知所以治天下國家矣
인 지소이치인 즉지소이치천하국가의

   세상에 통용되는 다섯 가지 도와 이 도를 행하는 데 필요한 덕목이 세 가지가 있다는 것은, 결국 사람으로서 걸어가야 할 길을 말한 것이다. 다섯 가지 도는 바로 《맹자(孟子)》〈등문공(滕文公)〉편 상(上)에 나오는 '부자유친(父子有親)·군신유의(君臣有義)·부부유별(夫婦有別)·장유유서(長幼有序)·붕우유신(朋友有信)'과 같은 것이다. 사람이 지켜야 할 다섯 가지 도리이기에 오륜(五倫)이라고 말한다. 사람 사이의 관계는 이 다섯 가지 관계에서 크게 벗어나지 않는다. 그러기에 이것은 어느 시대 어떤 지역에서든 사람이라면 누구나 지켜야 할 도리다.

   다섯 가지 도리를 제대로 이해하고 아는 것이 '지(知)'이며, 다섯 가지 도리를 몸으로 익히고 발휘하는 것이 '인(仁)'이고, 이 다섯 가지의 도리를 분별하고 실천하도록 하는 힘이 바로 '용(勇)'이다. 지·인·용 세 가지는 누구나 태어날 때부터 지니고 있는 것이다. 이것을 후천적

으로 노력하여 밖으로 드러나게 하는 것이 중요하다. 그런데 이 세 가지는 '성(誠)'으로 뒷받침되어야 하는데, 이에 대해서는 뒤에서 자세하게 이야기할 것이다.

태어나면서부터 다섯 가지의 도리를 알고 있는 사람들이 있을 것이다. 바로 성인이 그러한 경우다. 또한 태어나면서부터 다섯 가지 도리를 알지는 못했지만 학문을 통해서 비로소 깨우친 사람도 있을 것이고, 태어나면서부터 총명하지 못해 배워도 좀처럼 깨우치지 못하다가 온갖 노력을 통한 뒤에야 알게 되는 사람도 있을 것이다.

이러한 세 가지 경우를 가리켜 생지(生知)·학지(學知)·곤지(困知)라 한다. 그렇지만 궁극적인 도에 이르러서는 모두가 같은 원리를 깨달은 것이므로 아무런 차이가 없다는 것이다.

공자는 지·인·용이라는 세 가지의 덕목을 이루는 요소는 못 되지만, 이를 이루기 위한 과정에서 필요한 것으로 호학(好學)과 역행(力行), 그리고 지치(知恥)를 제시했다. 배우기를 좋아한다는 것은 본래의 지에는 미치지 못하지만 그에 가까운 것이고, 힘써서 옳은 일을 행하기 위해 노력하는 것은 본래의 인에는 미치지 못할지라도 그에 가까운 것이다. 나의 행동이 남에게 미치지 못함을 자각하여 마음에 부끄러움을 느낀다는 것은 본래의 용에는 못 미치더라도 그에 가깝다는 말이다.

이러한 세 가지가 수신의 근본이며, 수신의 근본을 제대로 알면 사

람과 천하를 제대로 다스리는 원리를 알게 된다. 이런 점에서 《대학》
의 '수신제가치국평천하'와 서로 의미가 통한다고 할 수 있다.

천하와 국가를 다스리는 데에는 아홉 가지 원칙, 즉 구경(九經)이
있다. 자신의 몸을 닦고, 현명한 인물을 존중하고, 친족을 사랑하고,
훌륭한 신하를 공경하고, 여러 신하를 내 몸처럼 살펴 주며, 백성들
을 자식처럼 여기고, 여러 기술자들이 모여들게 하고, 먼 곳에서 오
는 사람들을 잘 대해 주며, 제후들을 잘 품어 주는 것을 말한다.
자신의 몸을 닦으면 도가 세워지고, 현명한 사람을 존경하면 나쁜
곳으로 빠지지 않으며, 친족을 사랑하면 아버지의 형제와 나의 형제
가 원망하지 않게 되고, 훌륭한 신하를 공경하면 엉뚱한 곳에 정신
을 빼앗기지 않으며, 여러 신하들을 내 몸처럼 살피면 선비들이 정
중하게 예절로 보답하고, 백성들을 자식처럼 여기면 백성들이 분발
하게 되며, 기술자들을 모여들게 하면 재물이 풍족해지고, 먼 곳에
서 오는 사람들을 잘 대하면 사방에서 사람들이 몰려들며, 제후들을
잘 품어 주면 천하가 두려워하여 진심으로 복종하게 된다.

◎凡爲天下國家有九經 曰修身也 尊賢也 親親也 敬大臣也 體群臣也
　범 위 천 하 국 가 유 구 경　왈 수 신 야　존 현 야　친 친 야　경 대 신 야　체 군 신 야

　子庶民也 來百工也 柔遠人也 懷諸侯也 修身則道立 尊賢則不惑 親親
　자 서 민 야　내 백 공 야　유 원 인 야　회 제 후 야　수 신 즉 도 립　존 현 즉 불 혹　친 친

則諸父昆弟不怨 敬大臣則不眩 體群臣則士之報禮重 子庶民則百姓
즉제부곤제불원　경대신즉불현　체군신즉사지보례중　자서민즉백성

勸 來百工則財用足 柔遠人則四方歸之 懷諸侯則天下畏之
권　내백공즉재용족　유원인즉사방귀지　회제후즉천하외지

천하를 다스리는 데에는 변하지 않는 중요한 원칙이 아홉 가지
있다. 천하를 다스려야 할 임금은 먼저 자신의 수양에 최선을 다해야
한다[수신(修身)]. 자신의 수양에 모든 정성을 다함과 동시에 현명한
인물을 존중하여 스승으로 받들고[존현(尊賢)], 친족을 사랑하여 가정
을 안정시키고[친친(親親)], 정치에 참여하는 훌륭한 대신들을 공경해
야 하며[경대신(敬大臣)], 여러 관리들을 내 몸처럼 살펴야[체군신(體群
臣)]한다.

또한 백성들을 자기 자식처럼 아끼며[자서민(子庶民)], 각종 기술자
들을 존중하여 모여들게 하고[내백공(來百工)], 먼 지방 사람들이 오면
친절하게 대하며[유원인(柔遠人)], 여러 제후들을 편안하게 어루만져
줘야[회제후(懷諸侯)] 한다.

이 글은 전반부에서 구경, 즉 정치의 아홉 가지 기본적인 원리를
설명하고, 후반부에서 구경을 실천하여 나타나는 효과를 설명하고
있다.

마음과 몸을 깨끗이 하고, 복장을 단정히 갖추어 입고, 예의에 어긋나는 행동을 하지 않는 것은 자신의 몸을 닦는 것이다. 아첨하는 자를 물리치고, 여색을 멀리하며, 재물을 천하게 여기고, 덕을 귀하게 여기는 것은 현명한 사람을 장려하는 것이다. 지위를 높이고, 녹봉을 많이 주며, 좋아하고 싫어하는 것을 같이 하는 것은 친족과 화목하게 지내는 것을 권장하는 것이다.

관리를 많이 두어 능력에 맞게 부리도록 맡기는 것은 훌륭한 신하를 권장하는 것이며, 진심으로 관리를 대하고 녹봉을 많이 주는 것은 선비를 격려하는 길이다. 농사철을 피해서 백성을 부리고 세금을 가볍게 하는 것은 모든 백성을 격려하는 것이다. 날마다 살피고 달마다 시험하여 자신이 하는 일에 맞게 보수를 주는 것은 모든 장인들을 격려하는 것이다.

가는 사람을 환송하고, 오는 사람을 환영해 주며, 능력 있는 사람을 칭찬하고, 부족한 사람을 동정하는 것은 먼 곳에서 오는 사람들을 너그럽게 대하는 것이다.

뒤를 이을 후손이 없어서 가계(家系)가 끊어지게 된 나라에 대(代)를 이을 수 있게 해 주며, 없어진 나라는 다시 일으켜 주며, 어지러운 나라는 잘 다스려지게 해 주고, 위태로운 나라는 잘 유지되도록 해 주며, 입조(入朝, 제후가 직접 임금을 찾아뵙는 예로 5년에 한 번)와 빙례(聘禮, 제후가 신하를 사신으로 보내어 임금을 찾아뵙는 예로 3년에 한 번)는 때를 정하

여 하며, 보내는 것을 많이 하고 받는 것을 적게 하는 것은 제후를
품어 주어 편안하게 하는 것이다.

무릇 천하와 국가를 다스리는 데는 아홉 가지 원칙이 있는데, 그것
을 행하게 하는 것은 하나일 따름이다.

◎齊明盛服 非禮不動 所以脩身也 去讒遠色 賤貨而貴德 所以勸賢也
　제 명 성 복　비 례 불 동　소 이 수 신 야　거 참 원 색　천 화 이 귀 덕　소 이 권 현 야

尊其位 重其祿 同其好惡 所以勸親親也 官盛任使 所以勸大臣也 忠
존 기 위　중 기 록　동 기 호 오　소 이 권 친 친 야　관 성 임 사　소 이 권 대 신 야　충

信重祿 所以勸士也 時使薄斂 所以勸百姓也 日省月試 旣稟稱事 所以
신 중 록　소 이 권 사 야　시 사 박 렴　소 이 권 백 성 야　일 성 월 시　희 름 칭 사　소 이

勸百工也 送往迎來 嘉善而矜不能 所以柔遠人也 繼絕世 擧廢國 治
권 백 공 야　송 왕 영 래　가 선 이 긍 불 능　소 이 유 원 인 야　계 절 세　거 폐 국　치

亂持危 朝聘以時 厚往而薄來 所以懷諸侯也 凡爲天下國家有九經 所
란 지 위　조 빙 이 시　후 왕 이 박 래　소 이 회 제 후 야　범 위 천 하 국 가 유 구 경　소

以行之者一也
이 행 지 자 일 야

구경에 대한 실천 방법을 비교적 구체적으로 쓴 문장이다. 본문에
서도 충분히 이해할 수 있는 내용이므로 중요한 몇 가지만 살펴보자.

첫째, 수신이란 안으로 마음가짐을 바르게 하고 밖으로 몸가짐을
단정하게 하여 항상 치우침 없이 실천해야 하는 것이다. 사람의 마음
이란 바람에 흔들리는 갈대와 같아서 한쪽으로 쏠리게 마련이다. 내
부에서 밀려오는 욕심과 외부 환경에서 받는 유혹을 물리칠 줄 알아

야 비로소 수신의 출발점에 설 수 있다.

둘째, 남을 헐뜯는 말에 귀 기울이지 않고, 여색을 멀리하며, 재물보다는 도덕성을 중요하게 여기는 것이 바로 현명한 사람을 소중하게 받드는 것이다. 현명한 사람을 소중하게 여길 때 국가의 도덕 질서가 바로 설 수 있다.

셋째, 백성을 자식처럼 살핀다는 내용을 눈여겨볼 필요가 있다. 농업을 생업으로 하는 인구가 대부분인 사회에서는 특히 신경을 써야 할 부분이다. 나라에서 실시하는 큰 규모의 공사 때문에 백성들이 생업에 전념할 수 없게 된다면 백성의 원망을 살 것이다. 그러므로 적당한 시기를 택해서 나라의 큰 공사나 일을 실시해야 한다는 것이다. 또 세금을 가능한 한 적게 걷으면 백성들이 신명이 나서 일을 할 것이다.

구경 가운데 무엇보다도 중요한 것은 수신이다. 수신의 자세로 남을 사랑하면 구경은 저절로 이루어진다. 나라를 다스리는 방법을 아홉 가지로 제시했지만, 사실은 수신에서 시작해서 수신으로 끝나는 것이다. 그래서 왕수인은 "자기를 아끼는 마음이 있어야 자기를 이겨 낼 수 있고, 자기를 이겨 내야 비로소 자기를 완성할 수 있다."라고 하였다. 수신의 중요성을 강조한 말이다. 물론 수신의 핵심은 '성실함'이다. 성실하지 않으면 수신을 제대로 이룰 수 없기 때문이다.

모든 일은 준비하면 이루어지고 준비하지 않으면 제대로 이루어지지 않는다. 말(사회적인 약속)이 미리 정해져 있으면 오해가 생기지 않고, 일이 미리 정해져 있으면 곤란한 경우가 생기지 않으며, 행동하는 것이 미리 정해져 있으면 탈이 없게 되고, 방법이 미리 정해지면 궁하지 않게 된다.

◎凡事豫則立 不豫則廢 言前定 則不跲 事前定 則不困 行前定 則不疚
범 사 예 즉 립 불 예 즉 폐 언 전 정 즉 불 겁 사 전 정 즉 불 곤 행 전 정 즉 불 구

道前定 則不窮
도 전 정 즉 불 궁

모든 일을 철저하게 준비해서 한다면 잘 이룰 수 있지만, 그러한 준비가 잘 되지 않으면 실패할 수밖에 없다. 여기서 말하는 모든 일이란 달도(군신·부자·부부·형제·붕우)와 달덕(지·인·용), 그리고 구경 등을 통틀어서 말하는 것이다. 그리고 미리 정해져 있는 것이란 '성실함[성(誠)]'으로 지킬 것을 약속했다는 뜻이다.

성을 바탕으로 한 말은 실천되지 않는 일이 없으며, 성을 바탕으로 한 일은 막히는 경우가 없으며, 성을 바탕으로 해서 나온 행동은 후회하는 일이 없고, 성을 바탕으로 나온 도리는 궁지에 빠지는 일이 없다는 뜻이다.

아랫자리에 있으면서 윗사람에게 신임을 얻지 못하면 백성을 얻어서 다스릴 수 없다. 윗사람에게 신임을 얻는 데는 방법이 있으니, 친구에게 신임을 얻지 못하면 윗사람에게 신임을 얻지 못한다. 친구에게 신임을 얻는 데에도 방법이 있으니, 부모에게 효도하지 않으면 친구에게 신임을 받지 못한다. 부모에게 효도하는 데도 방법이 있으니, 스스로 성실하지 않으면 부모에게 효도하는 것이 아니다. 스스로 성실히 하는 데에도 방법이 있으니, 지극히 선한 것을 알지 못하면 성실하게 되지 않는다.

◎在下位 不獲乎上 民不可得而治矣 獲乎上有道 不信乎朋友 不獲乎
　재하위　불획호상　민불가득이치의　획호상유도　불신호붕우　불획호

上矣 信乎朋友有道 不順乎親 不信乎朋友矣 順乎親有道 反諸身不誠
　상의　신호붕우유도　불순호친　불신호붕우의　순호친유도　반제신불성

不順乎親矣 誠身有道 不明乎善 不誠乎身矣
　불순호친의　성신유도　불명호선　불성호신의

　사람이 자신의 몸을 성실하게 하는 것을 기준으로 모든 일을 대하면 통하지 않는 것이 없다. 성실함이란 당연히 행해야 할 도리를 진실하게 지키는 것이다. 이러한 이치는 왕조 시대뿐만 아니라 현대 사회에도 절실하게 필요한 것이다.

　직장에서 동료와 상사와의 관계, 집안에서 부모와 형제와의 관계, 친구들과의 관계에 있어 어느 한 가지라도 성실성이 없다면 그 관계

는 제대로 유지되지 않을 것이다. 자기 부모에게 정성을 다하여 효도한다면, 그가 다른 부모에게 나쁜 짓을 저지를 수 있겠는가? 친구 관계나 사회 관계도 마찬가지일 것이다.

성실한 것[성자(誠者)]은 하늘의 도리이고, 성실해지려고 하는 것[성지자(誠之者)]은 사람의 도리다. 성실한 사람은 힘쓰지 않아도 적중하고 생각하지 않아도 얻게 되어 저절로 도에 들어맞으니 성인이다. 성실해지려고 애쓰는 사람은 선을 택해서 굳게 지키는 자다.

◎誠者 天之道也 誠之者 人之道也 誠者 不勉而中 不思而得 從容中道
　성자 천지도야　성지자　인지도야　성자　불면이중　불사이득　종용중도

　聖人也 誠之者 擇善而固執之者也
　성인야　성지자　택선이고집지자야

　성실함이란 하늘의 이치가 갖고 있는 본래 모습이다. 날이 바뀌고, 달이 바뀌고, 계절이 바뀌는 하늘의 이치가 어김없이 지켜지듯이, 동물과 식물 할 것 없이 모든 만물이 저마다 지니고 있는 고유한 본성에 따라 진실하게 살아가는 것이 바로 '성'이다. 사람도 이에 해당한다. 그런데 사람은 육체와 마음을 이루고 있는 기운이 모자라거나 치우치는 경우가 있기 때문에 참다운 모습을 유지하기 힘들 때가

있다. 그래서 성실(또는 정성, 진실)해지려고 노력하는 것은 사람의 도리이자 과제다. 주자는 성에 대해 다음과 같이 상세하게 설명했다.

"성이란 진실하여 망령된 것이 없는 것이다. 하늘의 이치가 지닌 본래 모습이라는 말이다. 속이 진실하면 겉에도 자연히 망령된 것이 없을 것이니, 한마디로 말하면 '진실함'이다. 하늘의 기운은 온 우주 공간에 가득 차 있어서 춘하추동의 계절과 낮밤의 순환 운동을 영원토록 계속하되 조금도 어긋남이 없다. 동물과 식물, 하늘을 나는 새와 물에서 헤엄치는 물고기에 이르기까지 모든 만물을 그 본성에 따라 살게 하여 털끝만큼의 망령됨도 없게 한다. 이것이 바로 진실함이다.

사람도 마찬가지지만, 육체와 마음을 이루고 있는 기운이 후천적으로 고르지 못한 까닭에 올바른 본성을 방해하여 개인적인 욕심이 생긴다. 개인적인 욕심에는 지나침과 모자람이 있게 마련이니 진실함을 잃게 되는 것이다. 다시 말하면 성이란 공명정대(公明正大)하고 공평무사(公平無私)한 중용의 덕이다."

사람은 항상 정성스러워지도록 노력해야 한다. 이것이 진정한 의미의 '천인합일(天人合一)'이다. 산에 올라가 제단을 만들고 이상한 복장을 하고 울부짖는 것이 천인합일이 아니다. 모든 일에 정성을 다하여 힘쓴다면, 비록 꼭 맞아떨어지지는 않더라도 본질에서 크게 벗어나지 않기 때문에 하늘의 도리에 가까워질 수 있다.

널리 배우고[박학(博學)], 자세히 물으며[심문(審問)], 신중히 생각하고 [신사(愼思)], 명확히 분별하며[명변(明辯)], 독실하게 행동한다[독행(篤行)]. 배우지 않을지언정 배운다면 깨닫지 않고는 그만두지 않는다. 묻지 않을지언정 묻는다면 알지 않고는 그만두지 않는다. 생각하지 않을지언정 생각한다면 얻지 않고는 그만두지 않는다. 분별하지 않을지언정 분별한다면 밝히지 않고는 그만두지 않는다. 실행하지 않을지언정 실행한다면 성실하지 않고는 그만두지 않는다.

남이 한 번 배워서 알면 나는 백 번을 배우고, 남이 열 번 배워 알면 나는 천 번을 익힌다. 참으로 이렇게 한다면, 비록 어리석어도 반드시 밝아지며 비록 연약하더라도 반드시 강해진다.

◎博學之 審問之 愼思之 明辨之 篤行之 有弗學 學之弗能弗措也 有弗
　박학지　심문지　신사지　명변지　독행지　유불학　학지불능불조야　유불

問 問之弗知弗措也 有弗思 思之弗得弗措也 有弗辨 辨之弗明弗措
문　문지불지불조야　유불사　사지불득불조야　유불변　변지불명불조

也 有弗行 行之弗篤弗措也 人一能之 己百之 人十能之 己千之 果能
야　유불행　행지불독불조야　인일능지　기백지　인십능지　기천지　과능

此道矣 雖愚必明 雖柔必强
차도의　수우필명　수유필강

성실해지려는 사람의 노력으로 다섯 가지를 제시하고 있다. 널리 학문을 배우고, 조목조목 따져 묻고, 신중하게 생각하며, 분명히 분별하고, 성실하게 행동해야 한다는 것이다. 박학(博學)·심문(審問)·신사(愼思)·명변(明辯)·독행(篤行)은 옛날의 학자들이 학문을 연구하는 기본적인 자세로 강조하는 것이기도 하다. 지금도 이러한 방법으로 학문에 임한다면 실패하는 일이 없을 것이다.

중용의 길은 어렵고 험난하다. 그러나 끊임없이 공을 들이면 불가능한 길도 아니다. 남보다 백배, 천배 노력한다면 비록 어리석은 사람이라도 밝아질 수 있고, 비록 연약한 사람이라도 강해질 수 있다. 그러나 이는 그것을 해내려는 의지에 달려 있다는 것을 명심해야 한다.

21. 저절로 이루어짐과 이끌어짐

성실함으로 말미암아 밝아지는 것을 본성이라 하고, 밝아짐으로 말미암아 성실하게 되는 것을 가르침라고 하니, 성실하면 밝아지고 밝으면 성실해진다.

◎ 自誠明 謂之性 自明誠 謂之教 誠則明矣 明則誠矣
　自誠明　謂之性　自明誠　謂之教　誠則明矣　明則誠矣
　자 성 명　위 지 성　자 명 성　위 지 교　성 즉 명 의　명 즉 성 의 여기서는 앞서 이야기한 '성실한 것이란 하늘의 도이고, 성실해지려는 것은 사람의 도다.'라는 말과 첫 장에서 말한 '하늘이 사람에게 선천적으로 부여한 것을 본성이라 하고, 이 본성에 따라 처세하고 행동하는 것을 도리라고 하며, 사람들로 하여금 이 도리를 끊임없이 실천하게 하는 것을 가르침이라고 한다.'는 것과 관련해서 생각해 볼 필요가 있다.

'성실함으로 말미암아 밝아지는 것을 본성'이라고 한 것은 '하늘이 사람에게 선천적으로 부여한 것을 본성'이라 한 것과 같은 뜻이다. 이러한 본성을 몸에 지니고 자연스럽게 실천하는 사람이 바로 성인이다. 이에 비해 그것을 힘써 실천함으로써 밝히는 것은 보통 사람들의 일이다. '밝아짐으로 말미암아 성실해지는 것이 가르침'이라는 말은 '도리를 끊임없이 실천하게 하는 것이 가르침'이라고 한 것과 같은 뜻이다.

성인은 저절로 착한 본성에 따르게 되지만, 일반 사람들은 성인이 만들어 놓은 도리를 힘써 닦음으로써 성실함, 즉 본성에 이르게 되니, 현인(賢人)의 경지를 말하는 것이다. 성인은 본래 성실하고 진실하기 때문에 저절로 밝지만, 보통 사람들은 끊임없이 노력을 해야만 그 경지에 도달할 수 있음을 강조한 것이다.

22. 성인의 지극함

오직 천하의 지극한 성실함[지성(至誠)]만이 자기의 타고난 본성을 다할 수 있다. 자기의 본성을 다할 수 있으면 남의 본성을 다할 수 있고, 남의 본성을 다할 수 있으면 만물의 본성을 다할 수 있으며, 만물의 본성을 다할 수 있으면 천지의 생성 변화를 도울 수 있다. 천지의 생성 변화를 도울 수 있으면 천지와 더불어 하나가 될 수 있다.

◎唯天下至誠 爲能盡其性 能盡其性 則能盡人之性 能盡人之性 則能
　유 천 하 지 성　위 능 진 기 성　능 진 기 성　즉 능 진 인 지 성　능 진 인 지 성　즉 능

盡物之性 能盡物之性 則可以贊天地之化育 可以贊天地之化育 則
진 물 지 성　능 진 물 지 성　즉 가 이 찬 천 지 지 화 육　가 이 찬 천 지 지 화 육　즉

可以與天地參矣
가 이 여 천 지 참 의

'천하의 지극한 성실함'은 성인의 참모습을 말한 것인데, 그것은 어떤 그 무엇도 더할 수 없는 경지다. 하늘에서 받은 본성을 다 발휘하고 덕이 충만하여 티끌만큼의 개인적인 욕심도 없으며, 하늘의 명령에 따를 수 있으니 하늘의 도리인 것이다. 그러므로 어떠한 상황과 상태에 있더라도 중용의 도에서 벗어나지 않아 만물과 더불어 하나가 된다.

주자도 말했듯이, 성인은 하늘의 도리처럼 지극히 진실하고 성실

하고 털끝만큼도 더하고 뺄 것도 없이 완벽하여 공명정대하게 하늘로부터 부여받은 본성을 다 발휘할 수 있다. 이와 같아야 세상 사람들을 변화시킬 수 있고, 모든 사물들이 각각의 본성대로 존재할 수 있게 하여 천지와 어깨를 나란히 할 수 있다. 그래서 결국에는 천지의 조화에 참여할 수 있게 된다. 이것이 앞서 말한 천인합일이라 할 수 있다.

23. 작은 일에도 정성을

지극한 성실함의 경지에 이르지 못한 자는 하나의 부분적인 것에서부터 하나하나 이루어 나가야 한다. 하나하나 이루어 나가면 성실함에 도달할 수 있다. 성실하면 그것이 쌓여서 저절로 모습이 나타나고, 나타나면 뚜렷해지고, 뚜렷하게 드러나면 더 한층 밝게 빛나고, 밝게 빛나면 사람을 움직이게 하며, 움직이게 하면 변화하고, 변화하면 만물이 새롭게 바뀐다. 오직 천하의 지극한 성실함에 도달한 사람만이 만물을 새롭게 바꿀 수 있다.

◎其次致曲 曲能有誠 誠則形 形則著 著則明 明則動 動則變 變則化 唯
기 차 치 곡 곡 능 유 성 성 즉 형 형 즉 저 저 즉 명 명 즉 동 동 즉 변 변 즉 화 유

天下至誠爲能化
천 하 지 성 위 능 화

성인이 아닌 평범한 사람들과 현인에게 해당되는 경우를 설명한 것이다. 지극한 성실함에 미치지 못한 경우라도 지속적으로 노력하여 정성스럽게 한다면 진실한 모양이 나타나게 된다[성즉형(誠則形)]. 그러면 그 안에 쌓인 진실이 밖으로 드러나게 된다[형즉저(形則著)]. 밖으로 드러나면 점점 더 뚜렷해져서 마침내 밝게 빛나게 되고[저즉명(著則明)], 그 진실이 왕성해지면 사람과 만물을 움직이게 할 수 있다[명즉동(明則動)].

그렇게 되면 사람과 만물은 변해서[동즉변(動則變)] 본래의 모습으로 바뀌는[변즉화(變則化)] 변화의 극치를 이루게 되어 완전한 모습으로 돌아가는 것이다. 이러한 과정이 앞에서 말했던 바로 '성실해지려고 노력하는 것'에 해당된다.

사람의 본성은 하늘에서 받았다는 점에서는 같지만, 제각기 재능이나 외부 환경의 차이로 말미암아 서로 달라진다. 그래서 오직 성인만이 그 본성대로 살아갈 수 있고, 그렇지 않은 사람들은 노력해야 그 본성에 도달할 수 있다.

그런데 태어나면서부터 완벽한 사람이 몇이나 될까? 완벽에 가깝다고 할 사람은 몇 있을지도 모른다. 주변에 잘난 사람들을 보면 너무 완벽한 것 같아 부러움과 질투를 사기도 하지만, 그 안을 들여다보면 어느 한 구석이라도 부족한 부분이 있게 마련이다.

또한 사람은 자연의 이치대로 변화하는 존재다. 그렇지만 그 변화

속에서도 사람의 의지에 의해 바뀌게 되는 부분도 있다. '변(變)'과 '화(化)'의 차이점을 살피면 이에 대한 이해가 가능하다.

변은 어린아이가 자라서 어른이 되는 것과 같은 것이다. 즉, 형태의 변화다. 양적 변화라고 할 수 있다. 이에 비해 화는 질적 변화라고할 수 있다. 타락한 삶에서 새로운 삶, 또는 바람직한 삶으로 바뀌는것이다. 집을 뛰쳐 나가서 제멋대로 생활하다가 정신을 차리고 집에돌아온 자식과 같은 경우다. 성실하게 노력한다면 우리의 삶은 바람직한 방향으로 질적 변화를 해 나갈 수 있을 것이다.

24. 미래에 대한 예측

성인의 도는 앞날의 일을 미리 알 수 있다. 장차 나라가 흥하려면 반드시 상서로운 징조가 있으며, 또한 나라가 망하려면 반드시 흉한조짐이 있어 시초(蓍草)점3)과 거북점4)에 나타나며, 사람의 몸과 동작에서 나타난다. 재앙과 복이 닥칠 경우에도 반드시 먼저 안다. 좋은것도 반드시 먼저 알고, 나쁜 것도 반드시 먼저 아니, 그러므로 지극한 성실함은 신(神)과 같다.

---

3) 주역점에 쓰이는 점치는 막대기로, 보통 '시초'라고 한다. 후세에 대나무 조각으로 만들어 썼기 때문에 서죽(筮竹)이라고 하였다.
4) 거북 껍질에다 점치고자 하는 내용을 적은 뒤에 불에 태워서 갈라지는 모양을 보고서 친 점.

◎至誠之道 可以前知 國家將興 必有禎祥 國家將亡 必有妖孽 見乎著
지성지도 가 이 전 지 국가장흥 필유정상 국가장망 필유요얼 현호시

龜 動乎四體 禍福將至 善 必先知之 不善 必先知之 故至誠如神
구 동호사체 화복장지 선 필선지지 불선 필선지지 고지성여신

'지극한 성실함'의 도를 깨달은 성인은 항상 장래를 미리 내다볼 수 있는 안목이 있다. 이 안목은 자연계에서 일어나는 현상과 인간사의 모든 일을 꿰뚫어 볼 수 있는 통찰력이다. 사실 인간은 긴 안목이 없어서 자연의 질서를 어지럽히는 경우가 많다. 이에 비하여 성인은 아직 드러나지 않은 것을 볼 수 있는 능력이 있다. 평소에 사물의 겉모습만 보고서도 그 안에 감추어진 진실을 파악할 수 있다는 말이다.

성인은 마음 자체가 깨끗하다. 마음이 깨끗하기에 실상을 제대로 볼 수 있다. 또 마음이 깨끗하다는 것은 몸이 깨끗하다는 것이고, 몸이 깨끗하기에 눈 또한 맑다. 눈이 맑기에 사물을 있는 그대로 볼 수 있는 능력이 있는 것이다.

현대 사회에서는 기이한 일이나 기상 변화에 대해 과학적으로 접근해서 그 원인을 밝히고자 하지만, 상고 시대에는 천재지변이나 이상한 징후를 하늘의 계시로 받아들였다. 특히 나라가 번성하여 일어나려 할 때에는 반드시 길조가 나타나고, 반대로 망하려 할 때에는 흉조가 있었다고 한다.

그런데 성인은 이러한 일을 미리 예견할 수 있는 존재였다. 그리고 시초점과 거북점을 통해서도 알 수 있는데, 이는 미신이고 비과학적인 방법으로 보일지라도 당시에는 어떤 징조의 원인을 찾는 방법이었다. 그래서 성인의 마음가짐과 태도가 이러한 징조를 미리 파악할 수 있는 귀신의 조화와 같다는 것이다.

25. 저절로 이루어짐

성실함은 스스로 이루는 것이요, 도리는 스스로 행하는 것이다. 성실함은 만물의 끝과 시작이니 성실함이 아니면 만물도 없는 것이다. 이 때문에 군자는 성실함을 귀하게 여긴다. 성실함은 스스로 자기를 이루는 것뿐만 아니라 그것으로써 다른 사물을 이루게 하는 원인이 되는 것이다. 자기를 이루는 것은 '인'이며 사물을 이루게 하는 것은 '지'이니, 본성의 '덕'이며 안과 밖을 합치하는 도리다. 그러므로 때에 맞게 처리하는 것이 마땅하다.

◎誠者 自成也 而道 自道也 誠者 物之終始 不誠 無物 是故君子誠之
　성자 자성야 이도 자도야 성자 물지종시 불성 무물 시고군자성지

　爲貴 誠者 非自成己而已也 所以成物也 成己 仁也 成物 知也 性之德
　위귀 성자 비자성기이이야 소이성물야 성기 인야 성물 지야 성지덕

也 合內外之道也 故時措之宜也
야 합내외지도야 고시조지의야

여기서는 제1장에서 언급한 '하늘이 사람에게 선천적으로 부여한 것을 본성이라 하고[천명지위성(天命之謂性)], 이 본성에 따라 처세하고 행동하는 것을 도리라고 하며[솔성지위도(率性之謂道)]'라고 한 것과 연결해서 생각할 수 있다. 바로 성실함은 '천명지위성'을 의미하며, 도리는 '솔성지위도'를 의미한다.

성실함이란 만물이 하늘의 이치에 따라서 스스로 이루어 나가는 본성이다. 즉, 자연의 질서에 따라 이루어지는 것이 성실함이라는 말이다. 이에 비하여 도리는 인간이 스스로 해야 할 실천이 포함된 것이다. 예를 들면 풀과 나무와 같은 식물들은 많은 뿌리와 줄기와 잎사귀가 있는데, 이것은 스스로 이루어진 것이다.

사람의 이목구비와 팔다리 등도 자연적으로 이루어진 것이다. 그러나 사람은 이에 멈추지 않고 끊임없이 생각하고 행동해야 비로소 그 기능을 제대로 발휘할 수 있다. 즉, 사람은 능동적인 실천에 의해서만 하늘이 부여한 본성을 제대로 드러낼 수 있다. 그리고 이러한 실천 과정은 사람으로서 마땅히 해야 할 도리이기도 하다.

그리고 성실함은 자기를 이루는 데서 그치지 않고 남까지도 이루게 해 주는 역할을 한다. 마치 어떤 나무에 열매가 열리면 그 열매가

저 혼자만의 것이 아닌 것과 같은 이치다. 순수한 본래의 마음을 간직한 성인은 자신만을 이루지 않고 자연스럽게 남을 이루도록 한다는 말과도 같은 뜻이다.

이렇게 성실함은 자신과 만물을 하나로 일치시킬 수 있는 도리인 까닭에 어떤 상황이 닥쳐도 때와 상황에 맞게 일을 처리할 수 있게 해 주는 것이다.

26. 잠시도 쉬지 않고서

그러므로 지극한 성실함은 잠시도 쉬는 일이 없다. 잠시도 쉬지 않으므로 오래도록 지속되고, 오래 지속되면 효험이 나타나고, 효험이 나타나면 더욱 끝없이 멀어지고, 더욱 끝없이 멀어지면 넓고 두터워지며, 넓고 두터워지면 높고 밝아진다.

넓고 두터운 것은 모든 사물을 싣는 것이고, 높고 밝은 것은 사물을 덮는 것이며, 오래 지속되는 것은 모든 사물을 이루는 것이다. 넓고 두터운 것은 땅과 짝이 되고, 높고 밝은 것은 하늘과 짝이 되며, 더욱 멀고 오래된 것은 끝이 없는 것이다.

이와 같은 것은 보이지 않아도 빛나고, 움직이지 않아도 변하며, 하는 것이 없어도 이루어진다. 천지의 도는 한마디로 다 할 수 있다.

그것은 만물을 이루면서 그 모습을 둘로 나누지 않으므로, 만물을 생성하는 작용의 신비함을 헤아릴 수 없다. 천지의 도는 넓고 두텁고 높고 밝고 아득히 멀고 오래 지속된다.

◎故至誠無息 不息則久 久則徵 徵則悠遠 悠遠則博厚 博厚則高明 博
　고 지 성 무 식　불 식 즉 구　구 즉 징　징 즉 유 원　유 원 즉 박 후　박 후 즉 고 명　박

厚所以載物也 高明所以覆物也 悠久所以成物也 博厚配地 高明配天
후 소 이 재 물 야　고 명 소 이 복 물 야　유 구 소 이 성 물 야　박 후 배 지　고 명 배 천

悠久無疆 如此者 不見而章 不動而變 無爲而成 天地之道 可一言而
유 구 무 강　여 차 자　불 현 이 장　부 동 이 변　무 위 이 성　천 지 지 도　가 일 언 이

盡也 其爲物不貳 則其生物不測 天地之道 博也 厚也 高也 明也 悠
진 야　기 위 물 불 이　즉 기 생 물 불 측　천 지 지 도　박 야　후 야　고 야　명 야　유

也 久也
야 구 야

　여기서는 성인의 덕이 천지의 작용에 견줄 만큼 위대하다는 것을 강조한다. 즉, 성인의 지극한 성실함은 천지의 완전무결한 진실성과 같다는 말이다. 그러니 이를 충분히 익힌 성인은 당연히 쉼이 없고, 쉼이 없으면 오래 간다.

　자신에게 최선을 다하여 성실함이 가득 차면 마음은 순수함 그 자체다. 어린이의 순진하고 해맑은 미소와 눈망울처럼 말이다. 그러면 우리의 삶은 육체적 욕구를 추구하는 삶에 머물지 않고 드높은 가치의 세계를 추구하는 삶으로 바뀔 것이다.

이렇게 만물과 일체가 되어 이루는 성인의 덕은 천지의 도라 할 수 있는데, 천지의 도는 한마디로 말할 수 있다고 한다. 그 만물을 이루는 작용이 두 가지 모습으로 나타나지 않기 때문에 헤아릴 수 없이 넓고 크다는 것이다.

두 가지로 나눠지면 상대적인 것이 되어서 만물에 하나로 통할 수 없다. 만물에 하나로 통하려면 구별하거나 분리하지 말고, 만물을 전체적으로 인식해야 한다. 이렇게 천지의 도는 하나로 통하여 헤아릴 수 없으니 '넓고 두텁고 높고 밝고 멀고 오래 지속된다.'고 하겠다.

지금의 저 하늘은 작은 별들이 모이고 모여서 무궁한 천체가 되어 해와 달과 별들이 그 위에 매달려 있고, 모든 세상을 덮고 있는 것이다. 지금의 저 땅은 한 줌의 흙이 많이 모여서 드넓은 대지가 형성되어 화산(華山)과 악산(嶽山)을 싣고 있어도 무거워하지 않고, 또한 강과 바다를 펼치고 있으면서 새지 않고, 만물을 그 위에 싣고 있다.

지금의 저 산은 주먹만 한 돌이 많이 모인 것이지만 그 광대함에 이르러서는 초목이 자라고 짐승이 살아가며 보물들이 감추어져 있다. 지금의 물은 한 홉 한 홉이 모여 그 헤아릴 수 없는 바다가 되어, 악어와 교룡, 물고기와 자라가 살고 각종 재물도 생겨난다.

《시경》에서 "아! 하늘의 명은 아름답고 그침이 없구나."라고 하였으니, 대개 하늘이 하늘 된 까닭을 말한 것이다. 또 "아! 뚜렷하게 나타나지 않았는가. 문왕의 덕은 순수하구나."라고 하였다. 이것은 문왕이 문(文)이 된 까닭을 말한 것이니, 순수하고 또한 그치지 않는다는 것이다.

◎今夫天 斯昭昭之多 及其無窮也 日月星辰繫焉 萬物覆焉 今夫地 一
　금부천　사소소지다　급기무궁야　일월성신계언　만물복언　금부지　일

撮土之多 及其廣厚 載華嶽而不重 振河海而不洩 萬物載焉 今夫山
촬토지다　급기광후　재화악이부중　진하해이불설　만물재언　금부산

一卷石之多 及其廣大 草木生之 禽獸居之 寶藏興焉 今夫水 一勺之
일권석지다　급기광대　초목생지　금수거지　보장흥언　금부수　일작지

多 及其不測 黿鼉蛟龍魚鼈生焉 貨財殖焉 詩云 維天之命 於穆不已
다　급기불측　원타교룡어별생언　화재식언　시운　유천지명　오목불이

蓋曰天之所以爲天也 於乎不顯 文王之德之純 蓋曰文王之所以爲文也
개왈천지소이위천야　오호불현　문왕지덕지순　개왈문왕지소이위문야

純亦不已
순역불이

천지의 무궁무진한 현상을 자세하게 설명한 문장이다. 하늘은 아주 미세하게 밝은 것들이 수없이 많이 모여 이루어진 것이지만, 그것이 무궁하게 밝고 커져서 해와 달과 별들과 같은 것들을 매달고 만물을 포괄한다. 또한 땅이란 한 줌의 흙이 많이 모여서 된 것이지만, 무한히 넓고 커져서 화산과 악산 같은 큰 산을 싣고 있어도 끄덕하

지 않고, 강과 바다를 안고 있으면서도 새지 않으며, 만물을 다 담고 있다.

또 산을 보자. 비록 주먹만 한 돌들이 많이 모여서 이룩된 것이지만, 수많은 초목들을 자라게 하며 짐승들에게 보금자리를 마련해 주고 끊임없는 자원을 제공한다. 물은 또 어떤가? 한 국자의 적은 물이 수없이 모여서 된 것에 지나지 않지만, 그것이 헤아릴 수 없을 경지, 즉 바다에 이르면 갖가지 물고기들이 생겨나고 산호, 진주 같은 재화가 불어나는 것이다.

그러나 이 글은 천지자연이 작은 것에서 시작하여 광대함에 이르렀다는 사실을 설명하고자 한 것이 아니다. 천하 만물이 이러하듯이 성인도 그 자체로서 성실해지려 했다는 것을 말하려는 것이다. 성인은 자신의 덕이 쌓이기를 기다리는 소극적인 사람이 아니라, 적극적으로 실천하고 노력하는 존재다.

이는 《시경》에서 인용한 것을 보면 분명하다. 지극한 정성을 지닌 성인이 하늘의 도와 덕을 동시에 이룬 것을 찬양했는데, 문왕이 대표적이라는 것이다. 왕이 죽으면 시호를 지어 주는데, 보통 '문(文)'이라는 시호는 도덕성을 갖추고 학문에 힘을 쏟아 그 공적이 많거나, 정치를 잘하여 백성들의 삶을 편안하게 한 왕에게 붙여 주는 경우가 많다. 따라서 문왕이 고결하고 순수한 덕으로 나라를 다스린 것이 하늘의 뜻과 일치한다는 것을 찬양한 내용이라고 할 수 있다.

27. 위대한 성인의 도

위대하구나, 성인의 도여! 가득하게 만물을 키워 내서 그 높음이 하늘에 닿았다. 넉넉하고 크구나, 성인의 도는. 삼백 가지의 큰 예절과 삼천 가지의 작은 예절이 그를 기다린 다음 행해진다. 그러므로 "진실로 지극한 덕이 아니면 지극한 도가 실행되지 않는다."고 하였다.

그러므로 군자는 예절을 통하여 덕성을 높이고[존덕성(尊德性)] 끝없이 학문에 정진하여[도문학(道問學)] 크나큰 이치와 함께 일상생활의 세세한 일까지도 확실하게 알아야 한다. 반드시 중용을 실천하되 옛것을 익혀서 현재와 미래를 이해하고, 성실한 자세로 늘 예의를 숭상한다.

이 때문에 군자는 높은 자리에 있어도 교만하지 않고, 또 낮은 자리에 있어도 높은 자리를 넘보고 배신하지 않는다. 나라에 올바른 도가 있으면 바른 말로써 자신의 뜻을 펴고, 나라에 도가 없을 때는 물러나 자기 수양에 힘쓴다. 《시경》에 "사리에 밝고 또 지혜로우면 자신의 몸을 지킬 수 있다."고 한 것은 이를 가리키는 말이다.

◎大哉 聖人之道 洋洋乎 發育萬物 峻極于天 優優大哉 禮儀三百 威儀
　대재 성인지도 양양호 발육만물 준극우천 우우대재 예의삼백 위의

三千 待其人而後行 故曰 苟不至德 至道不凝焉 故君子尊德性而道
삼천 대기인이후행 고왈 구부지덕 지도불응언 고군자존덕성이도

問學 致廣大而盡精微 極高明而道中庸 溫故而知新 敦厚以崇禮 是
문학 치광대이진정미 극고명이도중용 온고이지신 돈후이숭례 시

故 居上不驕 爲下不倍 國有道 其言足以興 國無道 其默足以容 詩曰
고 거상불교 위하불배 국유도 기언족이흥 국무도 기묵족이용 시왈

旣明且哲 以保其身 其此之謂與
기명차철 이보기신 기차지위여

성인은 애쓰지 않아도 삶이 저절로 지극히 정성스러워지고 진실하
며 그침이 없는 존재다. 그러나 군자는 스스로 노력해야만 이러한 성
인의 경지에 도달할 수 있는 존재다. 그래서 덕성을 기르고 학문으로
지식을 넓히는 두 가지를 함께 실천해 나가야 한다.

또한 군자는 추구하는 세계가 크고 넓으면서도 작고 세밀한 것을
놓치지 않고, 그 뜻이 높고 밝으면서 중용의 도를 지킨다. 늘 중용의
도를 다하기 때문에 높은 자리에 있어도 거만해지지 않고, 낮은 자리
에 있어도 높은 자리를 차지하고자 남을 배신하지 않는다.

그리고 나라에 도가 있다는 말은 다스리는 자가 도리에 맞게 정치
를 잘한다는 말이다. 즉, 나라가 잘 다스려진다는 것이다. 그럴 경우
군자는 자신의 소신을 밝혀 그 뜻을 이루도록 하고, 나라가 잘 다스
려지지 않을 경우에는 자신의 몸을 지키면서 묵묵히 홀로 진리를 실
천한다. 그렇다고 눈치를 살피는 기회주의자로 행동하라는 말은 아
니다.

이와 대조적인 경우를 공자는 "나라에 도가 있어도 벼슬에 나아가

녹봉을 받고, 나라에 도가 없어도 벼슬에 나아가 녹봉을 받는다는 것은 수치다."라고 했다. 밝고 맑은 정신을 가지고 행동한다는 '명철보신(明哲保身)'이라는 말의 뜻을 깊이 새겨봐야 하겠다.

28. 성인의 덕이 아니라면

공자가 말했다. "어리석은 자들은 자기를 내세우기를 좋아하고, 천박한 자들은 멋대로 행동하는 것을 좋아한다. 지금 세상에 살면서 옛날의 관습으로 돌아가려 하는 자들에게는 반드시 재앙이 닥칠 것이다."

임금이 아니면 예를 논하지 않고, 법도를 제정하지 않으며, 문자를 연구하여 정하지 않는다. 오늘날 천하의 수레바퀴 폭이 같고 문서의 글자가 같으며 예절이 서로 같다. 비록 임금의 지위에 있으나 진실로 성인의 덕이 없으면 감히 예악(禮樂)을 만들지 못한다. 또한 비록 성인의 덕이 있을지라도 임금의 자리에 있지 못하면 감히 예악을 만들지 못한다.

공자가 말했다. "내가 하나라의 예를 말할 수는 있으나, 그 후손인 기(杞)나라의 제도로는 증명하기 모자라 따르기 어렵다. 또한 은나라의 예를 배워 알고 있지만, 후손인 송나라가 일부만 보존할 뿐 역시 부족하여 따르기 어렵다. 내가 주나라의 예를 배웠고 지금도 그것이 잘 시행되고 있다. 그래서 나는 주나라의 예악 제도를 따르겠다."

◎子曰 愚而好自用 賤而好自專 生乎今之世 反古之道 如此者 烖及其
　자왈　우이호자용　천이호자전　생호금지세　반고지도　여차자　재급기

身者也 非天子不議禮 不制度 不考文 今天下 車同軌 書同文 行同倫
신자야 비천자불의례 부제도 불고문 금천하 거동궤 서동문 행동륜

雖有其位 苟無其德 不敢作禮樂焉 雖有其德 苟無其位 亦不敢作禮樂
수유기위 구무기덕 불감작예악언 수유기덕 구무기위 역불감작예악

焉 子曰 吾說夏禮 杞不足徵也 吾學殷禮 有宋存焉 吾學周禮 今用之
언 자왈 오설하례 기부족징야 오학은례 유송존언 오학주례 금용지

吾從周
오종주

공자의 말을 인용해서 어리석은 사람은 먼저 자기의 생각을 내세우고, 신분이 천한 사람은 제멋대로 행동하려 하고, 시대의 흐름을 거스르려는 사람은 모든 화를 스스로 부르는 결과를 얻을 것이라고 경고하고 있다.

그 다음은 자사의 의견이 더해진 것으로 보이는데, 오직 임금만이 각종 제도를 제정하고 폐지할 수 있다는 점을 강조했다. 즉, 천자만의 고유 권한이므로 다른 사람은 함부로 할 수 없다는 것이다.

유학에서 추구하는 사회 모델이 제도가 잘 정비된 주나라 초기라고 한다면, 이는 일종의 복고주의라고 할 수 있다. 복고주의란 예전

146

의 좋았던 시대로 다시 돌아가자는 것인데, 그렇다고 무조건 시대의 흐름을 거스르려는 것이 아니라 훌륭한 전통을 본받아 현실을 꾸려 나가자는 주장이기도 하다.

그런데 여기에 나오는 '천하의 수레바퀴 폭이 같고 문서의 글자가 같으며 예절이 서로 같다.'라는 말을 근거로 해서 《중용》의 작성 시기를 진나라 이후라고 주장하는 의견이 있다. 하지만 이는 무리한 의견이라고 할 수 있다. 물론 문자를 통일하고 수레바퀴 사이의 폭을 같게 한 것이나 각종 제도를 일정하게 만든 것이 분명 진시황(秦始皇) 때였음은 맞다. 하지만 주자는 "자사의 시대에는 주 왕실이 쇠퇴하여 관청의 기능이 약해졌으나 아직도 천하의 주인인 것은 분명하다. 제후들이 천자의 자리를 뺏으려고 경쟁을 하였으나 세력의 균형이 기울지 않아 천하를 통일할 힘이 없었다. 그런 와중에 어찌 주나라 왕실에서 제정한 제도를 바꿀 수 있겠는가?"라고 했다. 주자의 주장대로라면 진시황의 통일과 상관없이 주나라의 통일된 제도가 있었으므로, 제도의 정비를 가지고 진나라 이후라고 주장하는 것은 설득력이 없다.

또한 임금만이 예를 정해서 제도를 만들 수 있지만, 임금이라고 다 가능하지는 않았다. 즉, 임금으로서 그에 맞는 도덕성을 지녀야 예를 정하고 제도를 만들 수 있었다는 것이다. 이와 반대로 덕을 갖춘 사람이라도 임금의 자리에 있지 않으면 그러한 일을 할 수 없었다.

이는 그 다음에 인용한 공자의 말에서도 알 수 있다. 공자는 비록 덕을 갖춘 사람이지만 임금의 자리에 오르지 못하였기에 과거의 예악을 자신이 아는 바대로 고칠 수 없었으며, 당시 통용되던 주나라의 제도를 따를 뿐이라고 말한다. 어찌 보면 중용의 도는 자신의 처지에 맞게 살아가는 것이다. 할 수 있는 일과 할 수 없는 일을 잘 가려서 행동하는 것이라 할 수 있다.

29. 세 가지 중요한 것

천하의 임금으로서 해야 할 세 가지 중요한 것이 있다. 이를 제대로 지키면 잘못함이 적을 것이다. 옛것이 비록 좋다고 하더라도 증명할 만한 것이 없으니 믿을 수가 없고, 믿을 수가 없으면 백성들이 따르지 않는다. 최근의 것이 비록 좋다고 하더라도 존중할 수 없으니 믿을 수가 없고, 믿을 수가 없으면 백성들이 따르지 않는다.

그러므로 군자의 도는 자기가 닦은 덕에 근본을 두고, 백성들이 믿고 따르는가를 끊임없이 증명하는 것이다. 하·은·주 삼왕(三王) 때 임금들의 행적을 참고해서 자신의 행함에 잘못이 있는지 검토해야 하고, 천지의 이치에 맞춰봐서 어긋나지 않게 하고, 귀신에게 물어 보아도 의심이 없어야 하며, 오랜 세월이 지난 뒤에 성인이 나타나도 의심하지 않아야 한다.

귀신에게 물어보아도 의심이 없다는 것은 하늘의 이치[천리(天理)]를 아는 것이고, 오랜 세월이 지난 뒤에 성인이 나타나도 의심하지 않는다는 것은 사람의 도리[인도(人道)]를 아는 것이다.

그러므로 군자는 움직이면 대대로 천하의 도리가 되니, 행하면 대대로 천하의 법도가 되고, 말하면 천하의 원칙이 된다. 그래서 멀리 있으면 우러러보고, 가까이 있으면 싫어함이 없다.

《시경》에 "저기에서도 미워하지 않고 여기에서도 싫어하지 않는구나. 밤낮으로 힘써서 영원히 칭송 받기를 바라네."라고 하였다. 군자가 이와 같지 않고서 일찍이 천하에 명예를 누린 사람은 없었다.

◎王天下有三重焉 其寡過矣乎 上焉者 雖善無徵 無徵不信 不信民弗從
　왕 천 하 유 삼 중 언　기 과 과 의 호　상 언 자　수 선 무 징　무 징 불 신　불 신 민 불 종

　下焉者 雖善不尊 不尊不信 不信民弗從 故君子之道 本諸身 徵諸庶民
　하 언 자　수 선 불 존　불 존 불 신　불 신 민 불 종　고 군 자 지 도　본 제 신　징 제 서 민

　考諸三王而不繆 建諸天地而不悖 質諸鬼神而無疑 百世以俟聖人而
　고 제 삼 왕 이 불 무　건 제 천 지 이 불 패　질 제 귀 신 이 무 의　백 세 이 사 성 인 이

　不惑 質諸鬼神而無疑 知天也 百世以俟聖人而不惑 知人也 是故君
　불 혹　질 제 귀 신 이 무 의　지 천 야　백 세 이 사 성 인 이 불 혹　지 인 야　시 고 군

　子動而世爲天下道 行而世爲天下法 言而世爲天下則 遠之則有望 近
　자 동 이 세 위 천 하 도　행 이 세 위 천 하 법　언 이 세 위 천 하 칙　원 지 즉 유 망　근

　之則不厭 詩曰 在彼無惡 在此無射 庶幾夙夜 以永終譽 君子未有不
　지 즉 불 염　시 왈　재 피 무 오　재 차 무 역　서 기 숙 야　이 영 종 예　군 자 미 유 불

　如此而蚤有譽於天下者也
　여 차 이 조 유 예 어 천 하 자 야

세 가지 중요한 것은 의례(議禮, 예를 의논하는 것)와 제도(制度, 제도를 만드는 것), 고문(考文, 문자를 정리하여 정하는 것)을 말하는 것이다. 이것은 오직 덕성을 갖춘 임금만이 할 수 있는 것인데, 이를 잘 실천하면 정치가 제대로 이루어져 미풍양속이 널리 퍼지고 사람들의 허물이 적어진다. 하지만 옛 왕조의 제도가 비록 좋았다고 하더라도 증명할 길이 없다면 백성은 믿고 따르지 않는다.

그러나 주자는 '최근의 것[하언자(下焉者)]'을 '옛것[상언자(上焉者)]'과 대조되는 것으로 해석하지 않고, 성인이지만 아랫자리에 있는, 즉 성인의 덕을 지녔지만 임금의 자리에 오르지 못하고 신하에 머물러 있는 사람이라고 했다. 공자가 대표적인 경우다. 공자는 인품과 예의가 훌륭했지만 임금의 위치에 오르지 못했기에 백성들에게 신뢰를 얻지 못했고, 백성들이 따르지 않았다는 것이다. 다시 말하면 공자가 평생을 바쳐서 일구어 놓은 이상 정치의 꿈이 현실 세계에서는 실현되지 못했다는 말이다.

그러나 군자의 도는 천지자연의 성실함과 일치하면 귀신도 의심하지 않고, 아주 오랜 뒤에라도 의심을 받지 않는다. 천지가 낳은 귀신에게 물어보아도 의심이 없다는 것은 천지를 이루는 하늘의 도리를 안다는 것이고, 오랜 세월 뒤에 성인이 나타나도 의심하지 않는다는 것은 그만큼 사람들의 신뢰를 받아 사람의 도리를 안다는 것이다. 군자의 도가 하늘과 사람 모두에게 합치되어 극치에 다다른 경우다. 이렇게 되면 군자의 도는 천하의 기준이 된다. 이러한 사실을 설명하면서 《시경》의 글을 인용하여 군자의 영광스럽고 명예로움을 찬양한 것이다.

30. 공자의 도

공자는 요와 순을 스승으로 받들어 계승하고, 문왕과 무왕을 본받아서 밝혔으며, 위로는 천시(天時)를 본받고 아래로는 물과 흙의 이치를 따랐다. 이는 마치 하늘과 땅이 붙들어 받쳐 주지 않음이 없고, 덮어서 감싸 주지 않음이 없음과 같다. 또한 사계절이 번갈아 운행됨과 같고, 해와 달이 교대로 밝아지는 것과 같다. 만물은 함께 자라도 서로 방해하지 않고, 도는 함께 행해져도 서로 어긋나지 않는다. 작은 덕은 냇물처럼 흐르고 큰 덕은 두텁게 변화시킨다. 이것이 천지가 위대해지는 까닭이다.

◎仲尼祖述堯舜 憲章文武 上律天時 下襲水土 陽如天地之無不持載 無
중니조술요순 헌장문무 상률천시 하습수토 비여천지지무불지재 무

不覆膳 陽如四時之錯行 如日月之代明 萬物橙育而不相害 道橙行而
불복도 비여사시지착행 여일월지대명 만물병육이불상해 도병행이

不相悖 小德川流 大德敦化 此天地之所以爲大也
불상패 소덕천류 대덕돈화 차천지지소이위대야

공자의 일생을 단적으로 표현한 문장이다. 자연의 질서가 한 점 흐트러짐 없이 차근차근 진행되어 가듯이, 공자 또한 그렇게 살았다는 것이다. 성인의 도가 자연의 성(誠)과 일치한 경우라 할 수 있다.

또한 천지는 세상 만물이 함께 살아가면서도 서로 방해하지 않는 공간이다. 마찬가지로 하늘의 도와 사람의 도가 함께 행해져도 서로 어긋나지 않는다. 이렇게 만물이 서로 방해하지 않는 것은 작은 덕이 작용하는 것으로, 마치 냇물이 흐르는 것과 같다. 그리고 만물이 함께 생성되고 움직이는 것은 큰 덕이 작용하는 것이므로 두텁고 넓게 변화시키는 것이다.

다시 말하자면 작은 덕은 일부분에 미치는 덕으로, 냇물이 흘러 초목과 곡식을 싹트게 하는 작용에 비유했다. 이에 비해 큰 덕이란 만물을 생성하는 근본으로, 비가 와서 천지의 모든 것들이 소생하듯이 두텁고 널리 변화시켜서 무궁무진해진다.

자연의 도가 근원적으로나 현상적으로나 성대하고 포용력 있는 위대함을 지니고 있음을 표현한 것이다. 다시 말하면 작은 덕과 큰 덕은 다른 것이 아니라, 큰 덕 아래에 작은 덕이 존재한다는 것이다. 한 가지의 근원이 여러 현상을 낳고, 그 현상이 모여서 하나의 근원인 큰 덕을 이룬다.

31. 지성(至聖)의 덕

오직 천하의 지극한 성인이라야 총명함과 밝은 지혜로써 백성들을 이끌 수 있다. 너그럽고 여유롭고 온화하고 부드러움은 남을 포용할 수 있게 하며, 강인함과 굳센 의지는 신념을 지킬 수 있게 하며, 엄숙하고 올바름은 공경이 있게 하며, 사리에 밝고 세밀함은 시비를 분별할 수 있게 한다. 한없이 넓고 깊어서 언제나 덕행을 표현하여 백성을 교화한다. 또한 한없이 넓기는 하늘과 같고 깊기는 연못과 같다. 그래서 나타나면 공경하지 않는 백성이 없고, 말을 하면 믿지 않는 백성이 없으며, 행하면 기뻐하지 않는 백성이 없다.

이 때문에 그 명성이 중국을 넘어 먼 미개한 지역까지 영향을 끼치게 된다. 배와 수레가 이르는 곳과 사람의 힘이 미치는 곳과 하늘이 덮고 있는 모든 곳과 땅 위에 있는 모든 곳, 그리고 해와 달이 비추는 모든 곳과 서리와 이슬이 내리는 모든 곳의 혈기를 가진 사람들이 존경하고 친근해지기를 바라지 않는 경우가 없다. 그러므로 그 덕성이 하늘과 같이 넓고 크다고 한 것이다.

◎唯天下至聖 爲能聰明睿知 足以有臨也 寬裕溫柔 足以有容也 發强
　유천하지성　위능총명예지　족이유임야　관유온유　족이유용야　발강

剛毅 足以有執也 齊莊中正 足以有敬也 文理密察 足以有別也 溥博
강의　족이유집야　제장중정　족이유경야　문리밀찰　족이유별야　부박

淵泉 而時出之 溥博如天 淵泉如淵 見而民莫不敬 言而民莫不信 行
연천 이시출지 부박여천 연천여연 현이민막불경 언이민막불신 행

而民莫不說 是以聲名洋溢乎中國 施及蠻貊 舟車所至 人力所通 天之
이민막불설 시이성명양일호중국 이급만맥 주거소지 인력소통 천지

所覆 地之所載 日月所照 霜露所隊 凡有血氣者 莫不尊親 故日配天
소복 지지소재 일월소조 상로소추 범유혈기자 막부존친 고왈배천

오직 천하의 지극한 성인만이 하늘의 덕과 서로 통할 수 있어서 백
성들을 충분히 다스릴 수 있다는 말이다. 즉, 공자 같은 위대한 성인
의 덕만이 천지 도리와 통하여 천하의 모든 백성을 다스릴 수 있음을
칭송한 것이다.

성인의 도덕적 영향력이 온 천하에 널리 퍼져서 사람이 사는 곳이
라면 어디든지 성인의 위대함을 존경하여 우러러 받들기를 원하게
된다. 그러기에 성인의 위대한 덕은 만물을 길러 내는 하늘의 덕처럼
넓고 크다고 한 것이다.

32. 지성(至誠)의 도

오직 천하의 지극한 성실함만이 천하의 큰 도리를 이끌고 큰 근본을
세울 수 있으며, 천지 만물에 대한 생성과 발육, 그리고 변화를 알
수 있다. 어찌 다른 방법이 있겠는가? 정성스러움은 어짊 그 자체이

며, 그 뜻이 깊고 그윽함은 연못 그 자체이며, 드넓고 넓음은 하늘 그 자체다. 이러한 진리는 본래 총명과 지극한 정성을 지닌 성인이 아니고서는 알 수 없는 것이다. 아니면 그 누가 이러한 진리를 알 수 있겠는가?

◎唯天下至誠 爲能經綸天下之大經 立天下之大本 知天地之化育 夫
　유 천 하 지 성　위 능 경 륜 천 하 지 대 경　입 천 하 지 대 본　지 천 지 지 화 육　부

焉有所倚 肫肫其仁 淵淵其淵 浩浩其天 苟不固聰明聖知達天德者
언 유 소 의　준 준 기 인　연 연 기 연　호 호 기 천　구 불 고 총 명 성 지 달 천 덕 자

其孰能知之
기 숙 능 지 지

앞에서 '지성(至聖)의 덕'에 대해 설명했다면, 여기서는 '지성(至誠)의 도'에 대해서 설명하고 있다. 즉, 지극한 성실함의 도는 지극한 성인이 아니면 알 수 없고, 지극한 성인의 덕은 지극한 성실함이 아니면 이룰 수 없다는 것이다. 그리고 이 둘은 서로 안과 밖의 관계라고 할 수 있다.

성인의 덕은 지극히 성실하고 참된 것이어서 거짓이 없다. 그러므로 당연히 지켜야 할 인륜을 세워 후대의 모범이 되게 한다. 이런 인륜을 성실하게 지키는 것을 마치 실로 천을 짜는 것과 같다고 하여 경륜(經綸)이라고 한다.

간단하게 말하면 오직 성인만이 인륜을 밝힐 수 있고, 천하의 큰

도를 세우며, 만물의 생성과 발육을 이끌 수 있다는 뜻이다.

33. 비단옷에 홑옷을

《시경》에 "비단옷을 입고 홑옷을 걸쳤다."라고 하니, 그 화려함이 드러나는 것을 싫어했기 때문이다. 그러므로 군자의 도는 어두우나 날로 드러나고, 소인의 도는 아주 확실하나 날로 없어진다.

군자의 도는 내세우지 않아서 담담하나 남들이 싫어하지 않고, 간단하나 세련되고, 남을 아끼고 사랑하여 따뜻하면서, 상황에 맞게 대처하여 조리가 있다.

깊은 이치가 가까운 데서 드러나는 것을 알고, 바람이 저절로 불고 있는 것임을 알며, 미세한 것이 드러나는 것임을 알면 더불어 덕의 세계에 들어갈 수 있다.

◎詩曰 衣錦尙絅 惡其文之著也 故君子之道 闇然而日章 小人之道 的
　시왈　의금상경　오기문지저야　고군자지도　암연이일장　소인지도　적

然而日亡 君子之道 淡而不厭 簡而文 溫而理 知遠之近 知風之自 知
연이일망　군자지도　담이불염　간이문　온이리　지원지근　지풍지자　지

微之顯 可與入德矣
미지현　가여입덕의

156

중용의 맨 마지막 장이다. 앞서 계속하여 성인의 덕이 지극하다고 강조했는데, 여기서는 《시경》의 시 구절을 인용하여 군자의 덕이 무엇인가에 대해서 밝히고 있다. 또한 다시 처음 학문을 시작한 사람으로서 마음을 바로잡는 자세를 설명한 것이라고도 볼 수 있다.

군자는 개인적인 욕심이 없어 이익이나 명예를 바라지 않기 때문에 마치 비단옷 위에 삼베옷을 입은 것과 같다고 한 것이다. 군자는 겉보기에는 담담하고 검소해 보이지만, 안에 비단옷이 있어 날로 드러나게 된다. 그러나 소인은 반대로 겉보기에는 훌륭한 사람 같으나 성실성이 없어 겉만 반짝이다 끝난다.

공자도 이와 관련하여 한마디했다. 《논어》〈헌문(憲問)〉편에 보면, "옛날의 학자는 자기 수양을 위해서 공부했는데, 오늘날의 학자는 남의 이목을 끌기 위해서 공부한다."라는 구절이 그것이다.

《시경》에 "아무리 깊게 잠겨 숨으려 해도 결국은 명백하게 드러나게 된다네."라고 하였다. 그러므로 군자는 스스로 반성해서 잘못이 없게 하고, 마음에 부끄러움이 없게 하여야 한다. 군자에게 미치지 못하는 것은 평범한 사람들에게 보이지 않는 것이다.

《시경》에 "네가 집에 있는 것을 보니 방구석에서도 부끄럽지 않겠구나."라고 하였다. 그러므로 군자는 움직이지 않아도 공경을 받으며,

말을 하지 않아도 믿음을 얻는다.

◎詩云 潛雖伏矣 亦孔之昭 故君子內省不疚 無惡於志 君子之所不可
  시운 잠수복의 역공지소 고군자내성불구 무오어지 군자지소불가

及者 其唯人之所不見乎 詩云 相在爾室 尙不愧于屋漏 故君子不動而
급자 기유인지소불현호 시운 상재이실 상불괴우옥루 고군자부동이

敬 不言而信
경 불언이신

첫 번째 시는 《시경》 〈소아(小雅)〉편 정월(正月)에서 인용한 것으로, 폭정과 내란으로 어려워진 백성들의 삶을 노래한 것이다. 워낙 분량이 많아 인용된 부분만 소개하면 이렇다.

물고기가 연못에서 놀아도

물고기에게 그 무슨 즐거움이며

아무리 깊게 잠겨 숨으려 해도

결국은 명백하게 드러난다네.

근심은 끝이 없어

사나운 정치를 탓할 뿐일세.

군자는 몸가짐을 항상 조심해야 한다는 점을 강조한 것이다. 물이 맑으면 아무리 깊숙이 숨더라도 그 모습이 밝게 드러나기 마련이다.

군자의 삶에 대한 자세는 성실함 그 자체이므로, 비록 사람들이 알아주지 않아도 성을 내거나 억울해하지 않는다. 세상에서 명예를 얻지 못해도 의연하게 살아가는 군자의 모습은 도리어 아름답게 드러날 것이다.

이러한 점에서 증자의 고백은 시사하는 바가 크다. "나는 하루에 세 차례 반성한다. 남을 돕고자 할 때 성실하지 못한 점이 있었는가. 벗과 사귀면서 믿음이 없었는가. 스승에게 배운 진리를 제대로 익히지 않았는가." 항상 스스로 반성하는 자세야말로 덕을 닦는 지름길일 것이다.

두 번째 시는 남들이 보지 않는 곳에 혼자 있더라도 항상 마음을 단속하여 조금이라도 부끄러움이 없게 하라는 뜻이다. 다른 사람의 눈은 속일 수 있어도 자기 마음만은 속일 수 없기 때문이다.

《시경》에 "제물을 올리며 말이 없었고 시끄럽게 다투는 일도 없었다."라고 하였다. 이 때문에 군자가 상을 주지 않아도 백성들은 힘쓰고, 화를 내지 않아도 백성들은 도끼보다 두려워한다.
《시경》에 "드러나지 않은 그윽한 덕이여, 모든 제후들이 본받는구나."라고 하였다. 이 때문에 군자는 성실하고 공경스러워서 천하가 평안하다.

◎詩曰 奏假無言 時靡有爭 是故君子不賞而民勸 不怒而民威於鈇鉞
시왈 주가무언 시미유쟁 시고군자불상이민권 불노이민위어부월

詩曰 不顯惟德 百辟其刑之 是故君子篤恭而天下平
시왈 불현유덕 백벽기형지 시고군자독공이천하평

임금이 종묘에서 제사를 지낼 때 부르는 시를 인용한 것이다. 옛날 중국에서는 임금이 종묘에 제사를 지낼 때 왕족과 문무백관(文武百官), 그리고 제후들이 모두 참석하였다. 절차에 따라 예식을 진행할 때에는 그야말로 작은 숨소리도 들리지 않을 만큼 엄숙했을 것이다. 이처럼 어진 임금이 덕으로 정치를 하면, 제례 때처럼 말이 없어도 모든 백성들이 스스로 따를 것이며, 굳이 상을 주지 않아도 옳은 일에 힘쓸 것이고, 형벌로 다스리는 것보다도 더 두려워하며 덕을 따르게 될 것이다. 그러면 천하가 저절로 잘 다스려지리라는 것이다.

두 번째 시에서도 이러한 내용이 이어진다. 위대한 덕은 그윽하여 보통 사람들에게는 잘 보이지 않는 법이다. 마치 하늘과 땅의 덕이 뚜렷하게 드러나 보이지는 않지만, 거듭된 순환과 운행을 통해서 만물을 이루게 하는 것과 같다. 그러므로 이에 견줄 만한 성인의 덕도 확실하게 드러나 보이지는 않지만, 모든 백성들을 평화롭게 살도록 한다.

공자도 《논어》〈위령공(衛靈公)〉편에서 "억지로 애쓰지 않고서 천하를 태평하게 다스린 사람은 순임금일 것이다. 그가 무엇을 했는

가? 그저 몸가짐을 공손하게 하고, 남면(南面, 임금은 북쪽에 앉아서 남쪽을 향하여 신하를 대함. 즉, 임금의 자리에 있음을 뜻함)하고 똑바로 앉아 있었을 뿐이다."라고 하였다.

《시경》에 "나는 밝은 덕을 그리워한다. 큰소리나 사나운 얼굴로써 하지 않기 때문이다."라고 하였다. 공자가 말하길, "큰소리나 사나운 얼굴빛으로 백성들을 굴복시키는 것은 가장 형편없는 방법이다."라고 하였다.

《시경》에 "백성을 이끌고 가르치는 덕은 새털처럼 가볍다."라고 하였으나, 새털은 가볍기는 해도 비교할 수 있는 대상이 있다. "하늘의 작용은 소리도 없으며 냄새도 없다."라고 한 것이야말로 지극한 것이다.

◎詩云 子懷明德 不大聲以色 子曰 聲色之於以化民 末也 詩曰 德輶如
　시운　여회명덕　불대성이색　자왈　성색지어이화민　말야　시왈　덕유여

毛 毛猶有倫 上天之載 無聲無臭 至矣
모　모유유륜　상천지재　무성무취　지의

백성을 덕으로 다스리는 것은 근본이고, 말과 얼굴빛으로 다스리는 것은 말단이다. 군자는 큰소리나 사나운 얼굴색을 드러내지 않으

며 묵묵히 행동함으로써 남을 가르친다. 또한 그 빛나는 덕을 겉으로 나타내려고 하지 않고 내면에 쌓으려고 노력하기 때문에, 이는 소리도 없고 냄새도 없는 자연 현상과 같다.

이러한 군자의 밝은 덕으로써 백성들을 이끌고 가르치면 굳이 상을 주지 않아도 부지런하게 일하며, 화내지 않아도 위엄을 느끼고, 말하지 않아도 믿는다는 것이다. 군자의 도가 천지 자연의 도와 서로 통하여 일치할 때 비로소 완전한 덕을 펼칠 수 있다. 이를 통해 천하의 큰 근본이 바로 서게 되며, 궁극에는 천하가 태평하게 되는 것이다.

대학과 중용, 큰 배움과 훌륭한 도리

1. 왜 《대학》과 《중용》인가?

한국과 중국을 비롯, 일본 등지에 지대한 영향을 끼쳤던 사상은 유교와 불교, 그리고 도교 사상이라고 할 수 있다. 물론 근대에는 기독교 사상을 비롯한 서양 사상이 들어와 엄청난 영향을 주기도 했지만, 여전히 우리의 삶 속에 깊게 녹아서 스며든 것은 '유(儒)·불(佛)·도(道)' 사상이다. 특히 유학 사상은 그 영향력이 더 컸다고 할 수 있다.

교회에 가서 예배를 드리고 불당을 찾아 부처님에게 기원을 드리지만, 제사를 지내거나 예의범절을 따지는 일상생활 속에서는 유학의 흔적을 쉽게 발견할 수 있다. 이렇게 된 까닭은 조선 왕조 500년 동안 유학을 통치 이념으로 삼아 왔기 때문일 것이다.

사실 특정한 사상이 500년씩이나 국가의 통치 이념으로 유지되었다는 것은 세계사적으로 보아도 극히 드문 일이다. 유학을 통치 이념으로 한 조선은 새로운 사회를 건설하고, 이를 유지하면서 나름대로 변화를 꾀하기도 하고 좌절을 겪기도 했다. 조선 중기에는 왜란(倭亂)과 호란(胡亂)으로 인해 보다 현실적인 변화를 요구받기도 했으며, 특히 19세기 말에는 일본을 비롯한 제국주의 열강의 침입으로 사상적인 대전환이 요구되기도 했다. 그 후 일제 암흑기를 거쳐 광복이 된 이래 지금까지 유학 사상을 비롯한 동양 사상은 서양 사상에 그 자리를 내어 주고 명맥을 유지하기에도 급급한 실정이다.

이렇게 된 배경에는 일제 강점기 등 시련을 겪는 과정에서 과거에 대한 철저한 반성이 부족했고 그 밑바닥에 깔린 유학 사상에 대한 부정적 시각이 있었기 때문이다.

국권 상실과 국토 분단, 그리고 한국 전쟁과 독재 정치 등 현대사에서 반성과 극복의 대상이 되는 내용은 다양하다. 그 가운데 유학 사상도 빼놓지 않고 극복 대상으로 지목되었다. 이는 조선 왕조에 대한 부정적인 평가가 그 사상적 기반이었던 유학 사상에 대한 부정으로 나타났기 때문이다. 그래서 유학은 낡은 봉건주의 사상이며, 권위주의적이고 남성 우월주의를 부추기는 반민주적이며 시대착오적인 사상이라는 평가를 받기도 하였다.

그러나 앞서 얘기한 것처럼, 한 국가를 500년 동안이나 지탱해 온 사상을 무조건 부정한다면 많은 오류를 범할 수 있다. 물론 오랜 세월 동안 유지되어 왔다는 이유만으로 긍정적인 평가를 받아야 한다는 것은 아니다. 다만 최소한 유학 사상의 본질을 제대로 알려고 노력했는지, 유학 사상에 긍정적이고 바람직한 내용은 없는지를 살펴보아야 한다는 것이다.

그런 노력의 실마리를 《대학》과 《중용》에서 찾아보는 것도 하나의 방법이라고 생각한다. 《대학》과 《중용》은 유학의 핵심적인 경전인 사서오경의 하나이고, 그 내용이야말로 유학 사상의 뿌리라 할 수 있기 때문이다.

특히 《대학》과 《중용》이 중요하게 여겨진 배경에는 성리학의 발전이 밀접하게 관련되어 있다. 성리학은 흔히 주자학이라고도 불리는데, 송나라 시대에 와서 주자가 기존의 유학 사상을 새롭게 조명하고 체계화시킨 학문이다.

성리학은 그 이전의 유학 사상과는 구별되는데, 그 이전에는 공자와 맹자의 사상을 '인·의·예·지'를 바탕으로 한 도덕적 세계관으로 파악하였다. 이에 비해 성리학은 공자와 맹자의 사상을 '성(性, 인간의 본성)'이 곧 '리(理, 우주의 원리)'라는 철학적인 주제를 가지고 파악하였다.

이러한 변화에는 불교가 한때 지배적인 사상으로 자리하고 있었기 때문에 이에 대한 대응이 필요했다는 이유도 있었지만, 사회가 발전함에 따라서 보다 정교한 철학 체계가 필요했기 때문이기도 하다. 성리학으로 발전하면서 유학 사상은 불교 사상을 일부 수용하여 인간의 본질에 대한 문제와 우주의 근원에 대한 문제를 보다 중요하게 다루기 시작했다. 나아가서 이상적인 국가의 체제도 이런 인간의 본질 문제와 연결시키는 논리적인 체계가 갖추어진다.

이렇게 성리학의 철학 체계가 완성되는 과정에서 인격 수양과 그것을 중심으로 한 국가 운영을 밝힌 《대학》과, 인간 본성과 그 본성에 따른 올바른 인간의 실천 자세를 밝힌 《중용》이 다른 경전보다 중요하게 부각되었던 것이다. 따라서 《대학》과 《중용》은 조선 시대를 지배한 유학 사상, 즉 성리학의 근본 이념과 밀접한 관련을 가진 책이기 때문에 다른 어느 책보다도 정확하게 알아야 한다.

2. 《대학》의 형성 과정과 주요 내용

원래 《대학》과 《중용》은 각각 오경 중의 하나인 《예기》의 42번째 편과 31번째 편이었다. 그런데 송나라 때에 와서 《대학》이 유학의 중요한 경전으로 새롭게 받아들여져, 사마광(司馬光)이라는 학자가 《예기》에서 분리하여 《대학광의(大學廣義)》를 지었다.

이어서 정호와 정이라는 학자가 학문을 처음 공부하는 학자들을 위해 《대학정본(大學定本)》을 지어서 《논어》·《맹자》·《중용》과 더불어 사서라고 하였다.

우리에게 가장 널리 알려져 있는 《대학》은 주자가 정리한 '사서집주' 가운데 하나인 《대학장구(大學章句)》다.

주자는 《소학》을 통해 어린 학동들에게 일상의 행동거지를 배우게한 다음, 《대학》을 통해 어른들이 세상을 사는 도리를 배우게 한다고 구분하였다. 따라서 《대학》은 본격적으로 유학을 배우는 사람들이 공부하는 '큰 학문'이라 부를 수 있다.

《대학》의 저자에 대해서는 확실하지 않다는 것이 대다수 학자들의 의견이다. 다만 주자는 《대학》을 경문(經文)과 전문(傳文)으로 나누고, 경문은 공자의 말씀을 증자가 기록한 것이고, 전문은 증자의 뜻을 그 문인들이 기록한 것이라고 하였다.

중국 현대의 학자 곽말약(郭沫若, 1892~1978)은 《대학》의 저자가 맹자의 제자인 낙정극(樂正克)이라 주장했고, 북경대 교수였던 풍우란(馮友蘭, 1894~1990)은 순자(荀子) 계통의 사람들이 정리한 것이라고 주장하기도 했다. 그런데 대체적으로 주자의 의견이 맞다고 전해진다.

주자는 《대학장구》를 지으면서 《대학》 본문에 잘못된 순서와 글자가 있다고 하여 고치는 작업을 하였다. 특히 '격물(格物)'과 '치지(致知)'에 관한 내용을 보충했는데, 이를 없어진 부분을 채워 넣었다고 해서 보망장(補亡章) 또는 격물보전(格物補傳)이라고 한다. 이에 대해 명나라 시대의 학자 왕수인이 주자의 의견을 비판하면서부터 주자의 《대학장구》, 특히 보망장이 논쟁의 중심이 되기도 하였다. 즉, 왕수인은 '본성이 곧 우주의 원리[성즉리(性卽理)]'라는 주자의 견해를 '마음이 곧 우주의 원리[심즉리(心卽理)]'라고 재해석함으로써 논쟁을 불러온 것이다. 그래서 왕수인은 《대학고본(大學古本)》에 바탕을 둔 《대학고본방석(大學古本旁釋)》을 편찬하기도 하였다.

어쨌든 중국철학사에서 중대한 논쟁을 불러오기도 했지만, 오늘날까지도 주자의 견해를 중심으로 《대학》을 해석하고 있기 때문에 이 책에서도 주자의 견해를 중심으로 해석했다. 주자는 《대학》의 목적을 삼강령에 두고, 이를 이루기 위한 수양의 순서를 팔조목으로 제시하였다. 그래서 흔히 유학자들은 《대학》이 유학 사상의 실천적인 방법론을 제시한 것이라 여겨서 사서 가운데 첫 번째로 읽어야 할 책으로 꼽았다.

대체로 읽는 순서를 《대학》·《논어》·《맹자》·《중용》 순으로 권장한 까닭은 《대학》을 통해 유학 사상의 목적과 실천 방안을 살펴보고, 이어서 공자와 맹자의 중심 저서를 읽은 다음, 유학 사상을 본성과 성실함이라는 성리학적 개념으로 설명한 《중용》을 통해 정리한다는 뜻이었다.

공자와 그 제자들의 문답 형식으로 구성되었고 인(仁)의 사상을 펼치는 《논어》와, 인간의 본성은 착하다는 성선설을 바탕으로 사단과 칠정을 밝히면서 올바른 정치를 이야기한 《맹자》가 올바른 사람의 길이 무엇인가를 찾는 책이라면, 《대학》은 올바른 사람이 되기 위한 실천 방안을 체계적으로 정리한 책이다.

그러면 《대학》에서 제시하는 실천의 목적은 무엇인가? 한마디로 말하면 '수기치인(修己治人)'이다. 다른 표현으로는 '내성외왕(內聖外王)'이라고 할 수 있다. 수기치인은 말 그대로 자신을 닦고 남을 다스린다는 말이다. 먼저 스스로의 의무와 도덕적 수양을 다하고, 이를 기초로 해서 사회와 국가를 위하여 헌신하라는 것이다. 바로 이것이 안으로 성인이 되도록 노력하여 밖으로 왕 노릇을 한다(내성외왕)는 것이다.

《대학》의 근본 사상은 첫머리에 제시된 명명덕(明明德)·친민(親民)·지어지선(止於至善)이라는 삼강령에 잘 나타나 있다. 그 내용을 간단하게 정리하면 다음과 같다.

사람은 누구나 선천적으로 착한 본성을 지니고 있다. 이를 밝은 덕성(명덕)이라고 한다. 그런데 이 덕성이 주변 환경이나 개인적인 욕심의 영향으로 잠시 안 보이거나 사람에 따라서는 잘 나타나지 않는 경우가 있다. 그러나 덕성은 사람의 노력에 따라 얼마든지 다시 밝힐 수 있다. 여기서 사람의 노력이란 도덕적인 양심을 가지고 덕을 쌓으려는 노력을 말하는 것이다. 궁극적으로 추구하는 이상 세계를 이루기 위해서는 먼저 개인의 수양이 필요한데, 개인이 도덕적이지 않고서는 올바른 사회를 이룩할 수 없기 때문이다.

그리고 개인적인 수양을 바탕으로 해서 올바른 덕성을 공동체 전체로까지 확대시키는 것(친민)이다. 이러한 점에서 보면 《대학》은 최고 통치자나 도덕적인 지배세력인 군자를 위한 학문이라고 할 수 있다. 최고 통치자인 임금은 모든 백성의 어버이와 같은 존재이므로 먼저 개인으로서도 올바른 덕성을 기르는 데 최선을 다하고, 다른 사람이나 사회로까지 그 덕을 넓혀야 한다. 즉, 도덕적인 정치를 해야 한다는 것이다.

하지만 문제는 이런 임금과 사회 전체의 조화와 균형이 언제까지 유지되느냐이다. '지극히 좋은 상태에 머문다(지어지선).'는 것은 이런 올바른 조화와 균형을 지속적으로 유지해야 함을 강조한 것이다.

삼강령에서 이렇게 전체적인 내용을 다루었다면, 그 구체적인 실천 방법으로 팔조목을 제시하였다. 즉, 수기치인의 과정을 체계적으로 정리한 것이다. 그러나 팔조목이 단계별로 하나씩 실천하는 것을 말하는 것은 아니다. 단지 자신의 수양을 근본으로 해서 자연스럽게 이상 세계를 실현할 수 있다는 점을 체계적으로 설명한 것일 뿐이다.

격물과 치지는 인간이 세계를 파악하는 기준과 자세이며, 성의(誠意)와 정심(正心)은 인간이 바른 마음을 갖기 위해 갖추어야 하는 정신 자세다. 그런데 격물·치지·성의·정심이 이루어진 다음에 '수신(修身)'의 단계로 넘어가는 것이 아니다. 이러한 행위 자체가 곧 수신의 과정이라고 볼 수 있다. '제가(齊家)'와 '치국(治國)', '평천하(平天下)'도 인간이 사회를 운영하는 방법을 제시한 것이지, 반드시 이 순서대로 이루진다는 것이 아니다. 이상의 내용을 도식화해서 표현하면 아래의 표처럼 정리할 수 있다.

삼강령 (三綱領)	명명덕(明明德)		신민(新民)		지어지선 (止於至善)
팔조목 (八條目)	격물(格物)	수신 (修身)	제가(齊家)	⇒	평천하 (平天下)
	치지(致知)				
	성의(誠意)		치국(治國)		
	정심(正心)				

이렇게 도덕 정치가 완전하게 이루어진 이상 세계의 실현 가능성을 주장한 것은 무엇보다도 착한 본성에 대한 강한 믿음이 있었기 때문이다. 현실의 모습이 비록 악할지라도 그 악을 당연한 것으로 여기지 않고 바람직하고 옳은 방향으로 바꾸고자 하는 신념이 바탕에 깔려 있기에, 사람에게는 이상에 도달할 희망이 있는 것이다.

《대학》은 이러한 점에서 단순히 선비들이 관직에 나아가기 위해서 보는 입시 교재가 아니었으며, 어느 특정 계층의 전유물도 아니었다. 오히려 수신을 통한 덕의 정치를 강하게 주장하는 윤리학이라 할 수 있으며 이상 정치를 꿈꾼 동양의 유토피아론이라고 할 수 있다.

3. 《중용》의 형성 과정과 주요 내용

《중용》은 공자의 손자인 자사가 지은 책이라는 것이 일반적인 의견이다. 물론 여기에 대한 반대 의견도 적지 않다. 맹자 이후에 쓰여진 것으로 보는 견해도 있고, 진나라와 한나라 사이에 쓰여진 것으로 보는 주장도 있다. 다만 확실한 것은 《대학》보다 오래 전부터 읽혔다는 사실이다.

그러나 본격적으로 연구가 이루어진 것은 《대학》과 마찬가지로 송나라에 이르러서다. 특히 오늘날 우리가 읽는 주된 원문은 주자가 그보다 앞선 많은 학자들의 해석을 기초로 해서 정리한 《중용장구(中庸章句)》다. 이 《중용장구》는 모두 33장으로 구성되어 있으며, 사서 가운데 가장 나중에 읽어야 할 만큼 심오한 유학의 원리가 담겨져 있다. 그럼 그 내용을 간략하게 정리해 보자.

'중(中)'이란 어느 한쪽으로 치우치지 않는다는 뜻이며, '용(庸)'은 늘 그러함을 뜻하는 것이다. 그래서 중용이란 치우치지 않는 태도를 항상 간직한다는 뜻인데, 이 '치우치지 않는다.'는 것은 어떤 일의 중간을 의미하는 것이 아니라 가장 알맞게 들어맞는(또는 행동하는) 상태를 의미한다. 그럼 이런 중용을 이루는 원리는 무엇일까?

《중용》의 첫 장에 보면 중은 "기뻐하고 성내고 슬퍼하고 즐거워하는 감정이 나타나지 않은 상태", 즉 본성에 속해 있는 것이며, '화(和)'

는 "감정이 나타난 상태"라고 말하고 있다. 인간의 감정이 반영되지 않은 상태에서는 중이라 하고 인간의 감정이 다른 사물과 결합하면서 나타난 상태에서는 화라고 한다는 것이다. 그래서 "중은 천하 만물의 근본이고, 화는 천하 만물에 통하는 도리"라고 하면서 중화의 경지에 이르면 천지와 하나가 될 수 있다고 했다.

다시 말해 중용은 하늘의 뜻이라고 할 궁극적인 도리, 즉 인간이 치우치지 않고 본성으로 나아가는 길이라고 할 수 있다. 또한 천하의 본성은 모든 것을 정성스럽게 돌보는 데 있으므로 '성실함[성(誠)]'이라고 할 수 있다. 그래서 "성실함은 하늘의 도리요, 성실하려고 노력하는 것은 사람의 도리"라고 구별하여 본성을 실현하려는 인간의 실천적인 노력을 강조했다.

정리해 보면 《중용》은 내용상 크게 두 부분으로 나누어 볼 수 있다. 앞부분에서는 주로 중용에 대해서, 뒷부분에서는 주로 성에 대해서 말하고 있다.

《대학》이 유교의 목표인 이상 사회 건설을 현실 사회에서 어떻게 실현할 것인가에 대한 방법을 제시한 책이라면, 《중용》은 인간이 본성에 따라 중용을 지키며 성실하게 사는 도리를 밝힌 책인 셈이다. 그래서 퇴계(退溪) 이황(李滉)은 이렇게 말했다.

"《대학》은 수신의 근본이요, 덕에 들어가는 문이기 때문에 배우는 자의 일이다. 《중용》은 도를 밝히는 글이고 마음을 전하는 법이기 때문에 가르치는 자의 일이다. 그러나 몸을 닦고 덕에 들어가는 학문이 아니고서는 도를 밝히고 마음을 전하는 가르침을 실시할 수 없으며, 도를 밝히고 마음을 전하는 가르침이 아니면 몸을 닦고 덕에 들어가는 학문을 할 수 없기 때문에 《대학》과 《중용》은 서로 안과 밖을 이룬다."

말하자면 《중용》은 하늘의 도리와 인간의 도리를 '중용의 도'라는 원리로 제시하고, 사람들과의 관계를 어떻게 설정해야 하며, 또 어떻게 행동해야 할 것인가라는 실천 문제를 '성실함'이라는 원리로 설명하고 있다. 이러한 점에서 《중용》의 제1장은 《대학》의 제1장과 서로 호응하며, 삼강령과 같은 위치를 차지한다고 할 수 있다.

모든 만물을 생성하고 자라게 하는 원리, 이 원리가 사람에게 적용된 것을 '성(性)'이라고 한 것, 이렇듯 자연스럽게 가지게 된 성을 스스로 실천하려는 것이 바로 '도(道)', 즉 사람이 가야 할 바른 길이며, 이 길을 바르게 잘 닦아서 널리 다른 사람에게까지 미치는 것을 '교(敎)'라고 한 것, 즉 성·도·교가 삼강령처럼 제시되고 있다. 이 점은 율곡(栗谷) 이이(李珥)도 지적하였다.

"하늘이 사람에게 선천적으로 부여한 것을 성이라 하는데, 이는 명덕을 갖추고 있는 것이다. 이 본성에 따라 처세하고 행동하는 것을 도라고 하는 것은 명덕을 실천에 옮기는 것이다. 또한 사람들로 하여금 이 본성에 따라 실행하고 이 도를 부단히 실현하게 하는 것을 교라고 하는데, 이는 백성을 새롭게 하는 (신민의) 법도이다."

중용은 앞에서도 말했듯이 어느 한쪽으로 기울어지거나 치우치지 않고 모든 사리에 알맞게 행동하는 것이다. 문제는 이러한 중용이 제대로 실천되지 않고 있다는 것이다. 이러한 원인을 중과 화라는 용어로 밝혔는데, 이는 밖으로 드러나지 않아서 고이 간직된 상태와 밖으로 드러나 적절하게 표현된 상태로 구분한 것이다.

예를 들어 희로애락과 같은 사람의 감정을 보자. 이러한 감정은 마음에 자리잡고 있다가 마주치는 사물과 상황에 따라 다르게 나타난다. 중요한 것은 마주치는 사물과 상황에 따라 드러났을 때, 제대로 맞느냐 맞지 않느냐다. 바로 상황에 딱 들어맞게 드러난 것이 화다. 이러한 상태가 늘 유지된다면 《대학》에서 언급한 지어지선은 저절로 실현된다고 볼 수 있다.

그런데 현실은 어떠한가? "똑똑한 자는 지나치고 어리석은 자는 미치지 못하고", "훌륭한 사람의 도는 널리 쓰이는데 잘 드러나지 않는다." 그리고 도는 항상 사람 속에 있으며 사람과 가까이 있는데도, 사람들은 그것을 잘 알지 못하고 실천하려는 노력도 부족하다. 이러한 점 때문에 '충서(忠恕)'와 '신독(愼獨)'이라는 개념이 나온다.

충서는 자신에 대한 노력과 남에 대한 배려라고 할 수 있다. '자기가 싫은 일은 남에게 시키지 말라.'는 의미에서 '서'라고 하는데, 이것은 다른 사람에 대한 배려라고 할 수 있다. 하지만 '충'은 단순하게 '자신에 대해서 최선의 노력을 다하라.'는 정도에서 그치는 것이 아니다. 여기서 충은 '내가 성공하고자 하면 다른 사람도 성공케 하라.'는 적극적 개념이다. 혼자만 노력해서 혼자만 도덕적인 인간이 되거나 높은 관직에 오르는 것은 보다 작은 개념의 충이라 할 수 있다. 그러니까 《중용》에서 말하는 나의 노력이란, 나와 더불어 다른 사람의 성장과 성공으로까지 확장되는 개념이다. 공동체의 도덕을 중요하게 여기는 보다 높은 차원의 도덕성인 셈이다.

신독이라는 말도 역시 마찬가지다. 홀로 있을 때 삼간다는 것은 참으로 실천하기 어려운 일이다. 홀로 있는 상황이 단순히 아무도 없는 공간을 말하는 것인지, 아니면 군중 속의 고독한 존재일 때를 말하는 것인지는 중요하지 않다. 사실 남을 속이는 것보다 자신을 속이는 것이 더 어렵다는 것은 인생의 경험이 어느 정도 있고 깊이 생각해 본 사람이라면 누구나 아는 사실이다. 물론 자신을 속인다는 사실도 깨닫지 못하는 사람들이 심심찮게 나오는 게 현실이다. 그러니 혼자 있을 때 삼가는 자세는 정말로 자신을 극복하려는 사람이 아니면 실천하기 어려운 일이라 할 것이다.

이렇듯이 《중용》에서 말하는 궁극적 이치는 사람들의 일상과 떨어져 있는 것이 결코 아니다. 사람의 일상과 분리된 진리는 결코 참된 진리가 아니다. 물론 진리의 심오함을 깨닫는다는 것은 보통 사람들이 다가갈 수 없는 경지일 것이다.

하지만 주변을 돌아보면 진리 아닌 것이 없으니, 일상에서의 실천을 강조하는 《중용》의 자세야말로 우리가 정말 소중하게 간직해야할 자세다.

이상적인 인간은 어떠한 상황, 어떠한 입장에 처하더라도 자신 안에 있는 바른 중심을 잃지 않는다. 그러니 군자는 주변 환경에 좌지우지되어 주체성을 잃어서는 안 된다. 상황이 어렵다고 자신의 처지를 원망하는 것은 더욱 삼가야 할 일이다. 그래서 군자란 자신의 처지를 헤아려 만족하는 안분지족(安分知足)의 자세를 실천하는 사람이다. 이는 단순히 자신이 처한 현실을 받아들이면서 형편에 맞게 살아가라는 뜻이 아니라, 처한 입장에 맞게 행동하되 최선의 노력을 다하라는 것이다. 그래서 《중용》에서는 성(誠)을 강조한다.

성실·정성·진실이라고 해도 그 뜻이 다 통하는 성은 모든 사물이 스스로 그렇게 되는 원리다. 인위적으로 가다듬어서 바로 갖추지 않아도 저절로 이루어지는 것을 의미하는 말이다. 즉, 자연의 질서 그 자체이며, 그 질서에 따라 이루어지는 것을 성이라고 한다.

예를 들면 산천초목에서 모든 짐승을 포함한 생명체들, 혹은 존재들은 제각기 타고난 원리대로 생성 소멸의 과정을 밟게 마련이다. 이러한 점에서는 사람도 다를 바가 없다. 사람에게 몸과 이목구비가 있는 것은 스스로 이루어진 것이다. 다만 여기서 중요한 점은 우리 자신이 스스로 생각하고 행동해야 비로소 그것들이 제 기능을 발휘할 수 있다는 사실이다. 결국 실행해야 하는 사람의 의지와 노력이 중요하다는 것을 성이라는 개념을 통해 강조하고 있다.

이렇게 《중용》은 본성에서 출발하여 본성의 실천 자세를 중용의 도리와 관련하여 설명하다가 성, 즉 성실함이라는 개념으로 확장하여 우주 만물의 도리와 인간의 도리를 합치시키면서 끝을 맺는다.

4. 《대학》과 《중용》의 정신

《대학》과 《중용》의 정신을 한마디로 말하면 올바른 사람이 갖추어야 할 덕목과 그 실천 방안을 제대로 알아서 항상 성실하게 그 덕목들을 수양하자는 것이다. 물론 이런 생각의 배경에는 유학 사상이 이상으로 삼았던 왕도정치라는 이념이 들어 있다. 유학에서는 나라를 다스리는 최고 지도자를 무엇보다 중요하게 생각했고, 그에 따라 지도자에게 도덕적 자질을 요구했다.

다시 말해서 유학 사상은 왕에 대한 충성을 강조하지만, 왕에게도 그 지위에 맞는 의식과 행동을 갖추도록 높은 수준의 도덕성을 요구했던 것이다. 그리고 폭군인 경우에는 왕위에서 끌어내리는 것도 인정했다. 이런 생각의 바탕에는 백성의 뜻이 바로 하늘의 뜻이라는 민본 사상이 자리잡고 있다.

오늘날 우리는 《대학》과 《중용》이 통치 이념이었던 시대와는 비교할 수 없을 정도로 민주주의와 개인의 자유를 누리고 있다. 하지만 과연 오늘의 시대가 그 시대보다 사람의 인격을 더욱 존중하고, 정치지도자가 더욱 도덕적인가에 대해서는 되짚어 생각할 필요가 있다.

누구나 평등과 인권 존중을 떠들지만 여전히 가진 자와 못 가진 자, 권력을 쥔 자와 권력을 따르는 자 사이에는 온갖 차별과 비인간적인 행동이 존재하고 있다. 권력을 가진 사람들의 뻔뻔함은 그 시대보다 지금이 더욱 심한지도 모른다. 왕이나 권력자의 잘못에 대해서 목숨을 걸고 상소하던 그 시대의 선비 정신이 오늘날에도 과연 있는가를 반문하게 만든다.

그렇기 때문에 왕이 전제 정치를 펼치던 봉건 시대의 이념이라고 해서 《대학》과 《중용》에서 강조하는 도덕적인 덕목과 그 실천 방안을 무조건 거부하는 것은 도리어 우리를 더욱 비도덕적으로 만드는 일일 것이다.

《대학》과 《중용》에서 강조하는 삼강령과 팔조목, 하늘이 내려준 본성과 인간의 도리, 성실함 등의 가치는 그래서 여전히 의미 있는 것이다. 인간은 하늘이 내린 존재이므로 누구나 소중하다. 그러므로 일상 속에서 성실한 자기 수양의 자세를 갖추면 좋은 세상을 만들 수 있다. 그렇기 때문에 《대학》과 《중용》이 도덕적 이상이나 강조하는 고리타분한 책이 아닌, 인간의 본성과 관련하여 성실한 삶과 도덕적인 실천 자세를 가르치는 고전으로 남아 있는 것이다.

끝으로 청소년들이 이 책을 늘 가까이 두고서 즐겨 읽어 올바른 삶을 살아가는 데 희망의 지침이 되기를 기대한다.